创业管理社会实践探索

张劲珊　黄榜捷　著

南京大学出版社

前　言

创业，不只是发明、生产，不只是推广、销售。它不是一篇论文而遭到束之高阁；它不是一时的冲动，那只是瞬时的灵感闪现；创业，是一个令人兴奋的话题。它是一种思想，它的价值在于最大限度的认同；它不仅需要瞬时的激情，更需要恒久的坚忍；它是一项魔术，一个从无到有的过程，但这个过程的载体是汗水、意志和知识运用的结晶。每个人都希望主宰自己的命运，从这个意义上说，创业是最好的生存之道。因创业难于上青天而让很多人怯步；又因创业是诱人的，而让有些涉世不深的人忽略了创业的艰辛和其中的高度智慧。创业真的那么难吗？其实，打工也并不容易，我们曾经到处流浪，我们曾经到处找工作，我们曾经在他人的强迫下忍气吞声地做着不情愿做的工作，更伤心的是，即使奉行“天道酬勤”默默耕耘，很多年下来我们仍一无所有。难道我们的命运不能改变？我们不愿意在青春消耗殆尽时才考虑这些问题，最要紧的是当前。创业不但可让我们找到立足社会的位置，而且可以最大限度地实现自我价值，更重要的是，创业可让我们为社会做出更大的贡献，还可以创造就业机会。

无论是刀耕火种的原始社会，还是比特大行其道的信息时代，天上都不会掉馅饼。成功必须付出相当大的代价。但机遇与风险并存，成功与挑战同在！“人生能有几回搏”，即便失败了又何妨！人生的意义在于过程，而不是结局！许多有志投身商海弄潮的人，都把拥有属于自己的公司当作人生的一大追求。然而，办公司毕竟与开一个小店铺不同，它不仅需要胆识、资金和人才，还要有一个完整的创业战略和创业过程。这个创业战略及创业过程必须依据创业者自身的自然条件和创业时的客观环境，以及兼顾自身所能掌握和利用的资源情况。本书作者通过参与创办电子商务公司的一点心得，不敢言对大家有何教益，只希望能引来金玉良言，起到抛砖引玉的效果。看完本书，你也许会对未来自己的公司形成一个更完备的构想。

本书由广东理工职业学院张劲珊副教授、黄榜捷高级经济师撰写，在紧扣基本内容的同时突出了应用，全书凝聚了作者多年来进行创业实践教学研究和创业教学改革的经验和体会，对创业人员尤其学生社会实践探索过程的可操作性、适用性和指导性很强。由于作者水平有限，撰写时间短，书中难免存在问题或错误，敬请广大师生和读者批评指正，敬请多提建议，以便修订。

本书在成稿过程中，得到了广东理工职业学院的大力支持，为下一步创业实践探索，提供了网店运营实训室作为学生创业实践的基地；感谢广州葵花化妆品有限公司等委托项目经营的各有关公司的大力支持，为本书积累了宝贵的经验。感谢广州南洋理工职业学院邓华华高级电子商务师、广东理工职业学院何丰如教授在本书第六部分社会实践和毕业设计(论文)环节提供了大量的素材及电子商务毕业论文指导典范和众多鲜活的实例，他们在本书写作过程给予及时的指导和大力的支持与帮助。感谢中国互联网协会全国大学生网络商务创新应用大赛、全国大学生电子商务“创新 创意 创业”挑战赛、全国电子商务运营技能竞赛等各种大赛，为以赛促教、以赛促学、以赛促创提供了良好的大学生创业氛围。

摘　要

本书以创业管理概述总括了创业的一般工作过程，在后续的章节中按创业项目管理的各项功能展开对创业管理的描述。

由于涉及的相关内容有些有标准或法律的依据，本书从如何运作标准或法律的角度去探讨，力图让学生通过本书的学习掌握知识应用，加深对标准或法律条文的理解。在质量管理这节就是这样来描述的，遇到具体项目实施的时候，需要寻找具体条文来对照学习。

概论部分，对创业、项目、创业项目、就业几个概念进行定义或界定，也简要介绍了创业项目管理几大功能。

第二部分为创业项目识别和选项，从外部环境和内部实施能力两大块进行分析，通过对比方案，确定一个合适的项目来开展工作，还进一步介绍了项目策划书的编写要求。

第三部分为项目的计划与控制，介绍了如何运用 Project 软件来编制进度计划、资源计划、成本计划等相关的计划，进而介绍了需要建立什么样的指挥控制系统来实施计划的控制，还对质量管理、成本控制、风险控制安全管理进行重点探讨，以突出项目实施重在过程控制这个思想上。

第四部分为项目资源管理，重点探讨资源中的人力资源、资金资源、产品资源、市场控制力资源的特点，以资源置换的思路，探讨学生走上社会后，如何开展招商工作，而项目中的短缺资源如何控制的思路，也在这章做了介绍。

第五部分为项目团队管理，首先介绍了不同项目组织形式特点，而基于这些项目组织形式对项目团队的组建起着关键作用，项目经理作为项目负责人，有资质的要求及选聘需要注意的程序，也探讨了项目激励措施。

第六部分为社会实践与社会调查报告（毕业设计），探讨了作为重要教学环节，如何切入企业开展社会实践，在哪个角度切入要注意些什么，毕业设计方面则是以原来的文件的基础上进行修订，对毕业论文的要求进行推敲，建议选题以电子商务、物流、技术等多方面，结合了最新发展形式进行了调整。

第七部分为案例精选——碧芬兰面膜网络推广方案及实施的部分资料。

本书还附录了国家相关创业扶持政策资料为本书第八部分。

目 录

1 概论

创业，是一个非常引人津津乐道的词，这有好多成功的故事，也有很多失败的案例，而每个成功的故事，只有在成功以后，才被人所知道，一夜成功者现在越来越少，在项目成功以前的艰辛，又有多少人知道呢，创业的路子很漫长，创业者要经历多少的困难、跨过多少个坎才可以走到成功的地步，创业者存在于不同人群，大学生创业又有什么特点，需要做些什么才可以更有把握走向成功之路，这就是我们要研究的问题。

悲　秋

普宁电大　张宝德作

老来愁，黑伊头，曾忆铁肩担春秋
老来愁，白了发，再思膝下弹箜候
愁啊愁，心悲秋，于今问天寄绸缪

词中表达的意思：年轻的时候闯荡世界经历苦难，老了不见有什么大的成就，现在华发也现，孩子则事业未成，愁，就象到了秋天而无收成，只能祈求上天来帮忙筹划了。

该词感叹了文革时期知识青年一代人上山下乡所走过的路，他们都是受国家引导，为建设美好国度的热血青年，改革开放后，落实政策回城回乡，只有少数人创业成功了，多数人事业无成，要文凭没文凭，命运给他们开了个玩笑，国家还特为他们颁布几个文件改善他们的待遇，目前已到即将退休年龄，感叹事业无成而小孩尚未立业。

我们现在正处于学业中，需要思考如何去走好人生路，在人生路上奋斗过、进取过、努力过就值，免得父辈们感叹，更免得自己到了中老年时再次感叹。

本章学习目标

1. 掌握创业、创业项目、创业管理等几个基本概念的含义
2. 掌握创业项目管理的特点
3. 理解创业、就业、兼职的关系

【引例】

从大学时代的创新思维到世界500强

——联邦快递创业之路

联邦快递(Federal Express)公司成立于1973年，全球总部设在美国的田纳西州孟菲斯，另在中国香港、加拿大安大略、多伦多和比利时布鲁塞尔设有区域总部。

目前，联邦快递在全球拥有148 000名员工，拥有大约1 200个服务中心，超过7 800个授权寄件中心，435 000个投递地点，45 000辆货运车，662架货机，服务机场复盖全球365座大小机场，服务范围遍及全世界210多个国家，日平均处理的货件量多达330万份。

联邦快递以其无可比拟的航空路线权以及强固的信息技术基础设施，在小件包裹速递、普通递送、非整车运输、集成化调运系统等领域占据了大量的市场份额，成为全球快递运输业泰斗，并跃入世界500强企业。

联邦快递公司的创立者、总裁弗雷德·史密斯的父亲是位

企业家，创立了一家经营得很好的巴士公司。20世纪60年代，弗雷德在耶鲁大学读书，他撰写过一篇论文，提出一个超越传统上通过轮船和定期的客运航班运送包裹，建立一个纯粹的货运航班，用以从事全国范围内的包裹邮递的设想。这是一个开创性的创业设想。

弗雷德在论文中提出，在小件包裹运输上采纳"轴心概念"理念，并利用寂静的夜晚通过飞机运送包裹和邮件。

可是老师并未认可这个创新理念，这篇论文只得了个C。

毕业后，弗雷德曾在越战中当过飞行员。回国后，他在可行性研究基础上，把从父亲那里继承的1 000万美元和自己筹措的7 200万美元作为资本金，建立了联邦快递公司。

实践证明，弗雷德的"轴心概念"的确能为小件包裹运输提供独一无二的、有效的辐射状配送系统。

弗雷德的出奇之处不仅在于小件包裹运输采纳"轴心概念"的营销模式创新，更在于他能够把人们忽略的时间运用起来，把本来是低谷的时段变成一种生意的高峰期。

田纳西州的孟菲斯之所以被选择作为公司的运输中央轴心所在地，首先，孟菲斯为联邦快递公司提供了一个不拥挤、快速畅通的机场，它座落在美国中部地区；其次，是孟菲斯气候条件优越，机场很少关闭。正是由于摆脱了气候对于飞行的限制，联邦的快递竞争潜力才得以充分发挥。

每到夜晚，就有330万包裹从世界各地的210多个国家和地区起运，飞往田纳西州的孟菲斯。

成功的选址也许对其安全记录有着重大贡献。在过去的几十年里，联邦快递从来没有发生过空中事故。联邦快递的飞机每天晚上将世界各地的包裹运往孟菲斯，然后再运往联邦快递没有直接国际航班的各大城市。虽然这个"中央轴心"的位置只能容纳少量飞机，但它能够为之服务的航空网点要比传统的A城到B城的航空系统多得多。另外,这种轴心安排使得联邦快递每天晚上飞机航次与包裹一致,并且可以应航线容量的要求而随时改道飞行,这就节省了一笔巨大的费用。此外,联邦快递相信,“中央轴心”系统也有助于减少运输上的误导或延误,因为从起点开始,包裹在整个运输过程都有一个总体控制的配送系统。

弗雷德专门用于包裹邮递的货运航班,为全国乃至全世界客户提供了方便、快捷、准时、可靠的服务,创新的营销模式为其提供了低成本、高效、安全和全天候的物流系统,因而联邦快递迅速发展,从创业到成长为世界500强企业只用了短短20多年时间。

创业成功并非很难做到,但大学生创业成功率不高,作者鼓励大学生应该先以完成学业为主要目标,大学期间可利用时间多收集资料,多做调查,多思考分析,做创业的准备比较合适,不宜本末倒置。学生时代的时间就那几年,不必急于去赚钱,打好坚实的知识基础,将自己的水平提高,到时创业晋升快,可算下几十年工龄高一档收入,相比在读几年兼职能赚多少,这个帐大家要算下,而还有的同学,根本不上课,全心思兼职去,更为不值得。以上述例子来看,学生时代做创业构思,打好基础,有利于参加社会工作中的创业。

1.1 创业及相关名词的含义

1.1.1 创业

创业就是创业者对自己拥有的资源或通过努力能够拥有的资源进行优化整合,投入一项前所未有的特定项目运作,通过创业者及其团队的努力,形成预期的生产力,创造出更大经济或社会价值的过程。

创业是一种特殊的劳动方式,它是创业者管理包括人员、资金、技术、设备设施等资源,开展特定项目作业的思考、推理和判断的行为。

创业所需要的资源,除自己拥有的以外,还包括通过努力去整合进来的资源,比如融资来的资本、召集加入团队的人员、购买来的技术及设备等方面。

创业的过程需要创业者进行思考、推理和判断,这就是一个决策过程,在做创业计划的过程存在决策的需要,实施计划的过程一样也需要决策,授权团队成员实施决策也同样由创业者负责。

创业过程的资源优化整合,是在有限资源和特定条件下进行的,创业项目具有一次性、不可重复性特点,我们可以借鉴但不能复制。

创业的灵魂在于创新,新产品的研发、新市场的开拓、创新生产过程、现有技术的创新应用、创新管理方式等方面,并使之转化成生产力创造效益,就是创业的最基本内容。

以上特点表明,创业是一个过程,不可确定性因素很多而且表现很明显,创业者及创业团队的创造性思维能力、经验、实力、团队合作精神、风险策略等方面,很大程度上决定了创业是否成功,创业成功总比失败的少,但创业过程总有收获。

1.1.2 项目

项目是一个组织为实现既定的目标,在一定的时间、资源的约束条件下,开展一种有一定独特性的、一次性的工作。

人类创造独特性产品或服务的活动都属于项目的范畴,比如举办一次校内招聘会、举办一次迎新晚会、建设一栋学生宿舍、组织一次郊游拓展活动,甚至于组织一个课题的研究、创新技术研发等，都是项目的范畴。

国际标准化组织(ISO)在 ISO100006：2003 中关于项目的定义："项目是由一系列有起止日期的、相互协调的受控制的活动组成的，该过程要达到符合包括时间、成本和资源的约束条件在内的规定要求的目标。"这个定义，首先强调项目是一系列工序根据一定逻辑关系组成的活动集合，而这个活动过程也必须在时间、成本、资源约束的情况下实现产品的质量目标。

简单地说，项目就是要在有限资源的约束下，平衡工期、成本、质量三大要素，实现既定的目标。

项目的特性：(1) 目的性，项目实施之前就已定目标，所有工作都要围绕实现这个总体目标来展开；(2) 独特性，项目的目标与产出物及实施过程的方法等工作要素，都会带有明显的别具一格的方面；(3) 一次性，每个项目都有起止，项目可被重复，但不能复制，就象按相同的图纸建多栋楼一样，每栋楼的建设总有不同的特点；(4) 制约性，项目除了有限资源的约束外，还受客观条件和不可抗力因素的制约，表现比较明显的就是关于政策法规、国际惯例、民族风俗的约束，还来自自然条件比如风台、雨雪等的制约；(5) 风险性，指由于项目在各种制约条件及环境变化的不可控，导致项目实施过程存在比较多的不可事先预知的因素，而这些因素会直接或间接影响项目的工期、成本和质量三个主要因素不能达到预期的项目目标；(6) 过程性，项目是由一系列工序按一定逻辑关系来实施的，包括策划、计划、实施、控制等过程。

1.1.3 创业项目

创业项目与一般的项目相比带有更多的特点，其含义在前面的创业及项目两个概念的交叉中：一项前所未有的有起始时间的一系列活动过程，这个过程是在一定的资源约束下，平衡工期、成本，为新产品的研发、新市场的开拓、创新生产过程、现有技术的创新应用、创新管理方式，形成预定的生产力目标。

创业项目更是前所未有的，具有开创性特点。

创业项目的成果与普通项目的产品不同，创业项目的成果是形成一个生产力，这里可以通过普通产品作为介质来实现，比如新市的开拓，是基于销售某产品的能力而从中得到获利能力，产品的选择在创业过程中，有时起着非常关键的作用。

广东理工职业学院网店运营实训室承接的项目，多数就是创业项目。以水晶女神香水为例，我们整体承接过来投放到淘宝网上销售，开办了天猫旗舰店http://sjns.tmall.com/，这对于原来一直在销的传统实体流通体系是一个新市场的开拓，同时我们投入的团队是实训室负责人带领电商2011级的四位同学具体运作，按项目总体目标，先借助公司实力起步，走上正轨也就是初期创业的生存阶段过后，与化妆品公司以合作伙伴形式独立运作。后面陆续来谈的项目，都是创业项目，这些项目以开拓网络市场为基础，更附加了创新管理模式等特点，新项目新成员开拓新市场，担负起创利、实训、参加大赛等多个目标任务。

创业项目，从新产品研发的角度来考虑的话，适合大学生创业的方面，开发一个小软件，或一个应用程序如智能手机APP应用程序等还是可以通过努力做到的，通过参加大赛进行推动，以大学生的活跃思维，已经有很多成功例子，中兴杯安卓智能终端创意大赛，就将获奖的作品直接应用到手机功能上，形成了非常好的生产力。

创业项目，从现有技术创新应用方面来讲，适合大学生创业的，仍是通过大赛的方式来推动，广东理工职业学院正在探讨鼓励大学生参加技能大赛管理办法，可以预计，学校将会加大力度推进。大学生实现的发明创造并不多，而现有技术的创新应用则容易得多，以学生的活跃思维与模仿力，往往在这方面会有意想不到的效果。服装设计方面，一个创新系列的设计与现有产品的改进款式相比，后者更容易做到。一个全新项目的策划总比一个可以复制的项目策划更难一些。别人走过的路，再去走也是创业，有前车可鉴；没人走过的路，自己开山架桥过去，难度相比可想而知。

1.1.4 就业

就业指寻找一个合适自己发展的岗位入职，并按岗位要求开展工作。一般每个人一生中都不止一次就业，往往就业与所学专业有所差别，专业对口的所占比例并不多。

对于学校来说，每年对毕业生，都要考核一个指标——就业率。就业率指毕业时已经有单位接受学生就业，占该年毕业生总数的比例，而不考核创业率，这也是考虑到学生刚毕业，创业的条件还没成熟，先就业，再择业或创业。

对于具体个人来说，也需要积累社会经验和各种资源，选择先就业是明智的。

人才交流网对于学生就业主要的功能就是用工单位与人才之间的匹配，通过双方匹配成功者，也就实现了就业机会。

1.2 创业管理内容

1.2.1 创业的类型及特点

从广义的角度来说，每个人一生中都不断地在创业，只要带有创新性的工作，形成了新的生产力，也就意味着创业成功，如果形成不了新的生产力，也就意味着创业失败，故而我们可以这么来划分。

一、大学生兼职创业

大学生主要目标是完成学业，打好坚实的知识基础，积累知识，偶尔兼职工作，也是个学习过程，一个知识与实践相结合的尝试过程，可以理解。但大学生兼职创业需要投入时间、资金，多数人选择了开个小店、临时租个场地摆卖商品等方式试图创业，而多数不能成功，钱没赚到学习也没搞好，最终还是先选择就业，当然，大学生创业成功的例子也并不少见，只是成功比例比较少。

纵观很多学校举办或参与全国性的创业大赛、电子商务大赛、“三创”大赛，可以看出，参赛的队伍都对创业进行策划，而真正落实的项目并不多。

二、就业过程中的创业

就业过程中的创业，对于大学生刚毕业出去来说，首先要养活自己选择先就业，而后慢慢地从陌生到懂得工作，形成一个能给公司创造财富的合格人才，这个过程本身就是人生的一次创业，对于大多数人来说，可能就是第一次创业。

在工作单位每一次换岗位，都是一个创业过程，很正常的过程就是晋升，从一个普通员工晋升为一个主管，需要带领一个团队创造新的生产力，除了岗位技能外，还得运用管理知识、掌握和运用激励办法，除了管好自己、当好榜样以外，还要带领团队，一起完成特定目标。再从主管晋升到经理，那又是另一种创业过程。这里要帮助主管来管团队了，是一个新的挑战。

工作中训练出新技能，产生新的生产力，也是一个创业过程。社会中的企事业单位政府及事业单位不用说，一般人力资源管理比较完善的公司，都有培训及晋升机制，当一个人被委派以更大的责任、做更多的工作的时候，就意味着开展一项前所未有的工作，有个新局面，也就是严格意义上又一次创业成功。

而在工作中，负责开发新市场、现有技术的创新应用等方面，公司一定委托某人或一个团队来负责开展，这种操作也是一个创业过程，以一个创业项目的形式来进行项目管理，发挥管理的功能，按项目管理的方法去实施，以保证创业项目的成功。这种情况并不少见，目前来说，好多传统企业正在拓展网销市场，委派人员开个淘宝店，成立网销团队，非常多见就是由公司内部人员组成团队来运作，也有外包的情况。

在师傅带徒弟的人才培养机制下，徒弟满师时也意味着要创业，这种完全靠技能的工种，多为个体劳动者，每个人都得去寻找新的机会发挥他的作用，而可当师傅者都必须经过相当长时间的创业、成功得到认可后，才具有资格，只要开始了授业，也是一个严格意义上的创业。社会上多数人都会经历这种少年闯江湖、老来授徒的过程，即使在企业中工作，一定时间过后，企业也会安排带新人，给企业增加提高生产力的准备。

三、转行、换工过程中的创业

发生在多数人身上的转行或者换工，需要一个适应过程，同时也需要开展新的工作，从严格意义上也是一次创业过程。

对于具体的人来说，频频换工是非常不明智的，需要检查自己的原因，非常明确的特征，就是不适合那个环境，可以说是创业失败，入职每个新岗位都是一个适应、学习、胜任、发挥的创业过程，如果屡屡失败的话，会影响信心，特别是对于那些几个月内换了几份工的人来说。

主动换工，追求新的发展机会，体现新的价值，需要对一个既得利益与一定概率下可获得利益的博弈决策。每个人的价值观不同，而且同个人不同时期的价值观也不同，一般来说，既得利益规模不大时，多数会喜欢选择风险性较大、发展潜力更好的，这是大学生走上社会前几年的表现，这也是在不断地积累社会经验、提升自己创造价值能力的过程，这段时间大多数人主动换工的冲动都比较明显。

被迫换工,就得到新环境中创业,这种类型的人只有两个选择,一是重新就业,在新岗位上创业,另一个就是用现有自身资源去创业。中国改革开放初期,这种情况比较多,“下海经商”、“个体户”、“下岗工人”、“再就业”、“造原子弹不如卖茶叶蛋”等在当时成为热议话题,说明被迫换工、运用个人技能成为个体户,仍是可以生存和发展的,从政府部门或企事业单位出来经商,反而赚更多的钱,甚至不用什么知识、不起眼走鬼摆摊等行业的收入,比知识水平很高的人收入还要高。目前还普遍存在这种现象:“有知识的人打工,没知识的人当老板”。

大家已经非常习惯“东家不打打西家”,社会发展导致各行业需要规模才有经济,单打独斗创业越来越艰难,个体户创业的生存空间越来越小,选择连锁加盟的方式,可以借助品牌的力量,但招商加盟良莠不齐,存在很多陷阱,需要更加慎重,建议大家上网搜下“加盟 骗”,先仔细观察下,这里也有些是传销的存在,都是需要避开的,千万不要为他们的广告宣传所左右,这些宣传多数是过分夸大,很具煽动性。

电商行业,2003 至 2008 年淘宝网成立前几年,随便进去开个店,不用费很大力气都可以做得好,好多人以兼职的形式去做,慢慢发展壮大专职做淘宝店,成立公司开淘宝商城旗舰店。机会什么时候都有,服装的淘宝网批操作,目前正在迅速发展,可喜看到一些受教育程度不高的年轻人,成了这方面的主力军,这些人俗称“草根一族”,有相当一些人组成团队做得相当出色。我们也看到好多团队,早期为落实货源靠近批发市场而开展业务,到一定程度之后,迁回乡下把规模做大,报纸上报道过“电商村”,完成了从兼职到专职的创业过程。

四、全新创业项目

全新创业项目,指参与创业的人,项目一开始就脱离原来的岗位,用把握全新的机会,整合可控的资源,以期建立一个新的生产力，这个是风险性很大的工作，需要前期做详细的可能行性研究，项目万一失败，将面临着经济损失和失业。

这种项目投资大、回收慢，可以形成市场需求量可观的专有生产力，一般需要有风投公司来支持，创业团队的组建也十分关键，特别是对成员的技能要求比较高，由于这种项目一般选择各行业的高新技术领域，参与创业的过程会让人掌握领先的技术，创利能力得到不断增强，即使失业也不怕再就业或投入新的创业项目。

这种项目，还可能是新市场开发，从经营管理领域出发，参与人员通过项目运作，可以建立一个营销网，这就会形成一个市场控制力资源，对终端实施控制，即使项目由于产品资源或其他资源做不下去的话，也很方便寻找替代资源来继续经营下去，这种项目一般不能轻易地定义项目失败，即使项目停止运作，人脉关系还将会在一定时间内继续起作用。完全依赖人脉关系的营销模式，经营中断一定时间过后，人员变动之后，将慢慢地失去市场控制力，这种营销模式，人脉关系需要经常地维护，否则“人走茶凉”。

技术创新的项目，受技术更新影响很大，今天的新技术，可能过段时间就会被人超过而成为相对落后的技术，这类项目需要不断地保持技术领先，才能长久保住市场，研发工作应该持续发展，保持力度。一个典型的例子就是“小霸王”学习机、游戏机，当时推出市场即受到广大消费者的认可，市场很好，近年来随着电脑和手机的发展，逐渐取代了这个市场份额，市场上已经基本上看不到这些产品了。

以服务为项目内容的，比如维修行业，既带有服务又带有技术，需要把握市场上维修对象最新技术，参与这种项目运作，将会掌握技能与终端两种资源，即使饱和，换个地方仍可继续做下去，甚至发展成连锁经营，还是比较合适大学生去参与的。

1.2.2 创业项目管理的功能

创业项目风险性大，创新性特点明显，但管理上还是具有共同的方面，可以保证创业项目成功可能性的提高，结合项目生命周期及管理的功能，可按项目复杂程度对以下各方面工作进行裁剪，本章仅做简单介绍，在后续章节中将进行深入的探讨。

一、创业项目的识别与选项

创业项目的识别与选项，是项目的前期准备工作，项目的规模和复杂程度决定了这项工作的规模，三峡水电站项目，用了三十多年对地质、水文、生态、环境等各方面进行论证，动用了全国所有相关专家及机构，最后才由国家主席决策动工建设。这个项目给我国带来了明显的经济利益，同时也会有损失，库区某些珍贵文物长期泡在水下就是一个例子，而由于建设了这个大型水库，对地壳运动是否产生潜在的危险等因素，仍需要多年的观察。

小的项目，在风险承受范围内的，也相对比较直观可以预计到可能产生的结果，当然不需要很复杂的论证过程。

二、创业项目策划、计划与控制

编制策划书，确定策划方案，并对项目实施过程编制计划，还需要建立控制机制，实施全过程控制。

创业项目需要对各项工作进行分解，以至每道工序，充分估计各道工序所用时间和资源，以及各道工序之间的逻辑关系，这样才可以制定一个计划，还需要一个质量的要求，而为确保项目顺利进行，有些项目还得制定一些安全措施。我们要在时间、质量、成本上控制住平衡，这样才可以实现项目的预期目标。

三、创业项目的资源管理

创业项目的资源永远都是短缺的，正是因为风险性大、不确定因素多，投资需要谨慎进行，对资源的管理需要更为仔细，以期用最小的投入达到预期的目标，大家都会想：即使失败也可以减少损失。

四、创业项目的团队管理

团队及团队的组建、人员构成、素质、技术与技能，将是创业项目是否成功的第一要素。所谓科学技术就是第一生产力，掌握科学技术及技能的人才是第一生产力，然而，团队在沟通管理、激励方面应该进行科学管理，同时又得遵循以人为本的原则，多些人性化的措施，以确保发挥团队每个人的作用，保证项目的顺利进行。

五、毕业设计与毕业实践

大学生都得参加毕业设计、毕业实践，形成毕业论文，经过评审合格，才可毕业，这是在校期间所学知识与社会实际进行结合运用的综合考验。通过毕业实践让学生体验在校掌握的知识在实际工作中如何应用。

2 创业项目识别及选项

对于创业，我们并没有多少机会象发明家那样不断地去做试验，人虽然都有冲动的时候，但创业可以是有冲动后的理性行为，我们想创业，为什么总在人家成功之后才发现，他们为什么就能独具慧眼，走出一条成功的路呢。我们在实施选项之前，需要先开展一些准备工作，需要做多项目综合评估。选择最合适的项目后，才能进行实质性的策划。

本章需要掌握的知识：

1. 掌握外部环境条件和团队自身能力的分析

2. 掌握百度指数、淘宝指数、问卷调查等线上调查及线下调查方法

3. 懂得编写项目策划书

【引例】

商机把握与李嘉诚创业[①]

从推销员到总经理，"一个有信用的人，比起一个没有信用、懒

---

① （节选自并改编）新浪博客:《李嘉诚最经典的创业"风波"故事》，世界创业实验室(http://elab.icxo.com)，2007-07-27。

散、乱花钱、不求上进的人，自必有更多机会。”这是李嘉诚给年轻人的忠告，同时也是他的座右铭。

李嘉诚统领长江实业、和黄集团、香港电灯、长江基建等集团公司，是全球华人首富，全世界华人最成功的企业家。他14岁投身商界，22岁正式创业，半个多世纪的奋斗始终以“超越”为主题：从超越平凡起跑，为超越对手努力，达到巅峰，超越巅峰，实现自我，超越自我，于是世人称之为“超人”。李嘉诚不仅是创业精英、商界巨头，而且在其创业发展路上，成功并购了多家公司，是资本运作的顶尖高手。可以说，李嘉诚创业之路就是一条成功并购之路，其创业和成长与兼并和收购其他公司企业密不可分。李嘉诚的人生经历和创业之路备受世人关注。

1940年日军侵华，李嘉诚随父母从家乡潮州逃难到香港，当时他才14岁。李嘉诚的父亲本为教师，到香港后一时找不到工作，举家投靠家境颇为富裕的舅父庄静庵。可是不久父亲就患上了严重的肺病，临终时，他没有交代什么遗言，反而问李嘉诚有什么愿望。李嘉诚当即承诺：“日后一定会令家人有好日子过。”

父亲病逝后，作为长子的李嘉诚为养家糊口放弃学业，开始在一家茶楼当跑堂，从此踏进纷繁复杂的社会，开始了顽强拼搏的人生旅程。

贫困的生活使李嘉诚过早地成熟了。在往来茶楼的客人中，最让李嘉诚羡慕的是实业家。他发奋向上的欲望越来越强烈，发誓也要做一位实业家。可是，像他这样没有后台、没有本钱的毛头小伙该怎样才能投身实业呢？李嘉诚17岁那年，大胆地迈出了新的一步。他找到一份为塑胶厂当推销员的工作，便辞掉了茶楼里的活。

李嘉诚深知，要想成为一个出色的推销员，首要是勤奋，其次是头脑灵活。在日后的推销生涯中，李嘉诚便充分发挥了这个“窍门”。当其他同事每天只工作8小时的时候，李嘉诚就工作16个小时，天天如是。李嘉诚对“打工”的看法是：“对自己的份内工作，我绝对全身心投入,从不把它视为赚钱糊口,向老板交差了事,而是将之当作是自己的事业。"就这样,李嘉诚只花了一年时间,业绩便超越其他6位同事,成为全厂营业额最高的推销员,他当时的销售业绩,是第2名的7倍。

由于李嘉诚推销有术,别人做不成的生意他能做成,他所在的工厂效益也越来越好。生产同类产品的厂家发现,竞争胜负的关键竟然在一名小小的推销员身上,便设法花大代价把李嘉诚挖过去。李嘉诚的老板得到消息,唯恐李嘉诚真的成了别人手中的工具,于是抢先下手,将18岁的李嘉诚擢升为部门经理,并破例分给他20%的红股。一年后,他当上了销售公司总经理。李嘉诚的快速擢升还有一段插曲:他在厂里当销售员时,再忙也要到夜校进修。他在会考合格后打算去读大学,老板为挽留这个人才,便索性把他提升到总经理的岗位上了。

"长江"最初的风波

经过这短短一役,李嘉诚开始估量自己的实力,他相信若自立门户,成绩可能更好。1950年,22岁的李嘉诚终于辞去总经理一职,尝试创业。当时,李嘉诚的资金十分有限,两年多来的积蓄仅有7 000港元,实不足以设厂。他向叔父李奕及堂弟李澍霖借了四万多元,再加上自己的积蓄,总共五万余港元资本,在港岛的皇后大道西,开设了一家生产塑胶玩具及家庭用品的工厂,并取荀子《劝学篇》中"不积小流,无以成江海"之意,将厂名定为"长江"。

起初,李嘉诚只知不停地接订单及出货,忽略了质量控制,致使产品愈来愈粗劣。结果不是延误了交货时间,就是引起退货并要赔偿,工厂收入顿时急跌。加上原料商纷纷上门要求结账还钱,银行又不断催还贷款,"长江"被逼到破产的边缘。这使李嘉诚明白自己实在是操之过急,低估了当老板的风险。

如何才能挽救绝境中的长江塑胶厂?李嘉诚靠的是"信义"二字——与客户有信,与员工有义。他召集员工大会,坦言自己在经营上的失误，衷心向留在厂里的所有员工道歉，同时保证，一旦工厂度过这段非常时期，随时欢迎被辞退的工人回来上班。之后，李嘉诚穿梭于众多银行、原料供应商及客户之间，逐一赔罪道歉，请求他们放宽还款期限，同时拼尽全力，为货品找寻客户，用蚀本价将次货出售，筹钱来购买塑胶材料和添置生产机器。到1955年，高筑的债台终于拆掉，业务渐入佳境，没多久还开设了分厂。

1957年初的一天，李嘉诚阅读新一期的英文版《塑胶》杂志，偶然看到一小段消息，说意大利一家公司利用塑胶原料制造塑胶花，全面倾销欧美市场，这给了李嘉诚很大灵感。他敏锐地意识到，这类价廉物美的装饰品有着极大的市场潜力，而香港有大量廉价勤快的劳工正好用来从事塑胶花生产。他预测塑胶花也会在香港流行。李嘉诚抓住时机，亲自带人赴意大利的塑胶厂去“学艺”，在引入塑胶花生产技术的同时，还特意引入外国的管理方法。返港后，他把“长江塑胶厂”改名为“长江工业有限公司”，积极扩充厂房，争取海外买家的合约。

在“长江”的客户中，有个美籍犹太人马素曾订了一批塑胶产品，打算运到美国销售，后来不知何故临时取消合同。李嘉诚并没有要求赔偿，他对马素说：“日后若有其他生意，我们还可以建立更好的关系。”马素深感这位宽厚、年轻的创业者，是个可做大事的人，于是不断向美国的行家推销“长江”的产品。自此，美洲订单如雪片般飞来。李嘉诚由此进一步感悟“吃亏是福”的道理。

投资房地产业

创业五年后，“长江”逐渐成为全世界数一数二的大型塑胶花厂。李嘉诚被行内人士冠以“塑胶花大王”的雅号。而李嘉诚租用的那所厂房的业主也趁机把租金大幅度提高，这反而促成了李嘉诚自建物业的决心。

1958年，李嘉诚投得北角英皇道的地皮，兴建一幢十二层高的工业大厦，留下数层自用，把其余的出租。大厦落成后，香港物业价格随即大升。李嘉诚发觉房地产大有可为，于是开始部署把资金投放到地产市场。恰好此时有个经销塑胶产品的美国财团，为了得到充足的货源，愿意以300万港元的高价买下长江塑胶厂。李嘉诚心里盘算，他的厂子最多只值100万港元，就是再经营三五年，也不一定能赚到200万港元。于是，毅然卖掉塑胶厂，用这笔资金买进房地产。之后不久，房价果然暴涨，先人一步的李嘉诚一下子从千万富翁跨入了亿万富翁的行列！

20世纪60年代中期，内地发生"文化大革命"的动乱，香港也人心惶惶，房地产经历几年狂炒后，一落千丈，许多富翁争相廉价抛售产业逃离香港。李嘉诚正在建筑中的楼盘也被迫停工，因为那时即使建成也没人去买。如果按当时的房地产价格计算，李嘉诚可以说是全军覆没！但李嘉诚独具慧眼，认为土地价格将会有再度回升的一天，决定实行"人弃我取"的策略，用低价大量收购地皮和旧楼，在观塘、柴湾及黄竹坑等地兴建工厂大厦，全部用来出租。不出三年，果然风暴平息，大批当年离港的商家纷纷回流，房产价格随即暴涨，李嘉诚趁机将廉价收购来的房产高价抛售，这一次李嘉诚从中获得200%的高额利润。抛售后，他转购具有发展潜力的楼宇及地皮。这次他的策略是只买不卖，全都用来兴建楼宇。70年代初，他已拥有楼宇面积共达630万平方英尺，出租物业超过35万平方英尺，每年单是收租，已达400万港元。

1971年6月，李嘉诚正式成立了负责地产业务的"长江置业有限公司"。1972年7月，李嘉诚把"长置"易名为长江实业(集团)有限公司，自任董事长兼总经理。这年11月，"长实"在香港挂牌，在市面公开发售。到1976年，李嘉诚公司的净产值达到5个多亿，成为香港最大的华资房地产实业。

兼并收购"蛇吞大象"

"长实"在地产业屡出大手笔。先是拿出6 000多万元资金购买物业及地皮，并积极兴建高级住宅与商业楼宇。到1976年，又动用2亿3千万港元，买入美资集团、希尔顿酒店及凯悦酒店，开创了华资在港吞并美资机构的先河。李嘉诚收购了美资饭店后，正赶上香港旅游业有史以来的黄金时期，果然大赚一笔，为他下一步与英资集团竞争创造了条件。

而李嘉诚历时两年半之久，全面进军“和黄”的整个过程直如“蛇吞大象”，实为香港开埠以来华资收购英资的经典之作。“和黄”是老牌和记洋行及黄埔船坞的合作品。到1980年，“长实”终于持有“和黄”超过40%的股票，李嘉诚当上了“和黄”董事会主席。至此，李嘉诚坐上了香港华资地产龙头的位置，“李超人”的绰号不胫而走。1985年，购入加拿大温哥华世界博览会商业中心，斥资百亿港元，兴建规模庞大的商住住宅群。1986年，李嘉诚进军加拿大，购入赫斯基石油逾半数权益。1997年与“首钢”联手收购香港东荣钢铁集团有限公司，收购北京长城饭店等七家大酒店，拥有51%的股权。

半个多世纪以来，李嘉诚从经营塑胶业、地产业到掌握多元化的集团产业，他的业务经营领域早已越过太平洋，向美国、向世界伸展，成为中国的骄傲。

> 创业需要看准时机，多做调查，以李嘉诚华人首富的例子，大家可以从中得到启发，眼光、时机并不是所有人可以掌握的，往往是人家成功以后，我们才看到他的存在，而在创业路上尚未成功者，他们的艰辛，是我们看不到的。我们还是老老实实做好工作，做深入的调查分析为上。

2.1 外部环境条件分析

外部环境条件分析需要关注两个问题：(1) 项目给了我们什

么机会？(2) 项目的实施存在什么挑战及风险？

2.1.1 灵感引发

我们每天在QQ、微博、微信这类信息灵敏度最高的渠道接收到大量的信息，每条信息给不同人的反应是不同的，哪些能触动你产生一个意向性的灵感，随时做好心理准备吧。

淘宝网成立的时候，你会感觉到你工作的这个行业将来会是如何吗？国内首届网商交易会于2009年5月16～17日在广州流花宾馆召开，马云说“不做电子商务，五年后你会后悔”，当时如果你听到，你会想到什么？现在多年过去了，你再看这话，又会想到什么呢？现在开始五年后，会后悔因为听了这话而去做电子商务吗？

电子商务这几年确实使越来越多的传统企业涉及或转向电子商务，而更多的创业机会来自于电子商务。每家企业所处的产业供应链环节不同，参与的方式不同，有的适合零售，那就参与B2C、C2C的零售，有的适合批发，那就参与B2B的批发，目前甚至更进一步，将线上和线下进行整合协调发展，纯网商企业也跨入实体市场，正在形成一个O2O的运行机制。

这些过程中，成就了很多成功创业的年轻人，比较抢眼的是“草根一族”，我们发现并不是非要很高的学历才会创业成功，这些人都很年轻。但做电子商务一样存在风险，投入与产出的不对称越来越明显，大家看到了市场很大，都去争，竞争越来越激烈，好多人到后来发现，做了那么长时间的努力，其实自己没赚到钱，倒是花了好多广告费。数据显示，2012年底淘宝网职业卖家600万个店，每天停运或关闭近万个店，形势仍然严峻。

年轻人头脑反应快：把握机会，领先行动。

有了创业方向灵感后，需要做理性的分析，我们可以从国家、地区的政策走向以及行业的发展，调查、收集足够多的最新资料。

收集资料需要先设定收集的参数，需要收集什么资料，从哪些渠道上搜集，先用一点时间来做个计划，不要急于去动手，目前最方便的方式是：搜索引擎收集，最常见的就是："百度一下"，还有图书馆、朋友等渠道也可以收集，朋友渠道当然还可以收集到朋友的意见，当然也是好事。

这里不能具体建议大家收集的资料应该包括哪些方面，但从外部环境条件来看，相关法律、自然资源是需要了解的，如果你选择的仅是就业中的自身能力提升，那你的外部环境条件就是公司的制度等资料，如果是公司委派你参与一个项目的创业，那你就需要扩展搜集资料范围到项目与外界接触的相关方面，再如果这项目是你当项目经理，那要扩展的范围更广。

年轻人有冲劲：具体问题具体分析，做充足的准备。

我们经过以上的收集资料进行分析，看是否满足至少以下特征：

A. 符合国家政策近期主导或是国策的方向；

B. 合法；

C. 可控外部资源充足；

D. 可能成为市场或用人企业所需求的产品或能力。

2.1.2 深入调查

仅是收集上述资料还是不够的，对于比较大的创业项目，需要设计并进行调查。目前，网络调查相对比较方便，建议多采用。

一、百度指数调查

百度调查非常必要，特别是产品销售方面的项目，可以从百度搜索的热度来判断产品的热销程度。

比如暑假的时候我们启动了一个项目——水晶女神香水天猫旗舰店http://sjns.tmall.com/，就做了这样的调查：

调查数据表明,2011 年和 2012 年是搜索的高峰,2013 年开始降低,再调查下最近 12 个月,看看其特点。上图右下角是相关的热搜新闻,最近一个季度媒体关注度上升明显,最近一个星期用户关注度上升,除此之外都在下降。而从下面的分图上,也可以看出一些问题,关于香水的最热搜排名中,除了名牌香水还有电影名,地区上表现得也相对集中在发达城市,而表现比较突出的广州,并不全是用户的搜索,供应商或厂家也占了相当的部分。

再从搜索人群来看,又有些特点,年龄段以 20 至 40 岁占了绝大多数;职业上,教育与学生、IT 两个行业占大部人,这里多数并不是真正用户在搜索,其他行业都相对比较均衡,说明研究及推广人员的搜索比较多;从学历分布上来看,高学历占比例比较大,说明白领的需求量比较大,但高中的比例比大专的比例还要大,说明什么呢? 这个问题留给大家去分析。

相关检索词 ⑦ 香水 全国 最近12个月

相关检索词		上升最快相关检索词	
1	香奈儿香水	1	香水品牌 大于600%
2	香水有毒	2	香奈儿香水 大于600%
3	迪奥香水	3	香水有毒 大于600%
4	香水品牌大全	4	迪奥香水 大于600%
5	香水 电影	5	男士香水 大于600%
6	男士香水	6	香水 电影 大于600%
7	ck香水	7	ck香水 大于600%
8	香水品牌	8	香水有毒电影完整版 大于600%
9	香水有毒电影完整版	9	香水品牌大全 大于600%
10	香水百合	10	香水百合 大于600%

地区分布 ⑦ 香水 全国 最近12个月

城市分布 ●香水

1	北京
2	上海
3	广州
4	天津
5	杭州
6	深圳
7	西安
8	成都

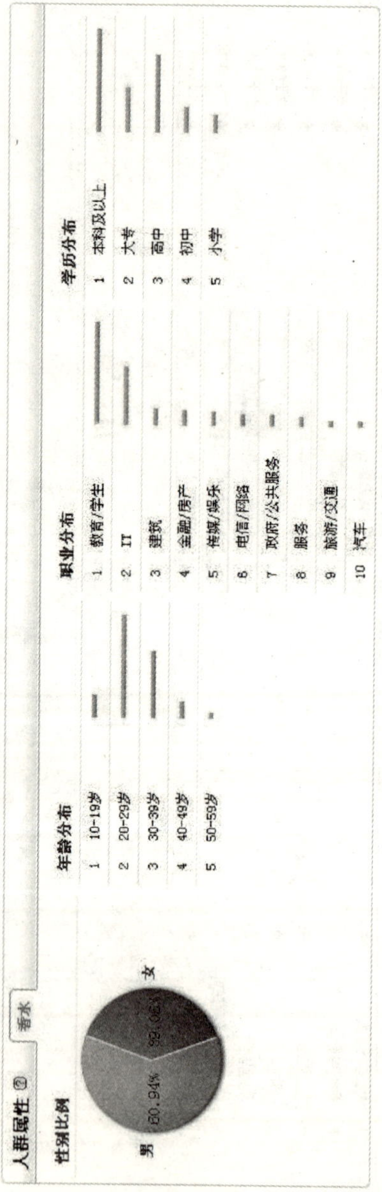

人群属性 ? 香水

性别比例

男 60.94% 39.06% 女

年龄分布

1 10-19岁
2 20-29岁
3 30-39岁
4 40-49岁
5 50-59岁

职业分布

1 教育/学生
2 IT
3 建筑
4 金融/房产
5 传媒/娱乐
6 电信/网络
7 政府/公共服务
8 服务
9 旅游/交通
10 汽车

学历分布

1 本科及以上
2 大专
3 高中
4 初中
5 小学

以上案例的分析，提供了一个思路，我们需要根据具体的产品调查出来的数据来分析，总可以反映一些问题，而百度指数的关键词，还可以进一步找几个来进行调查，以进一步确认真实的情况，比如说香水项目，还要用“化妆品”、“彩妆”等词进一步调查分析。

百度指数反映的是一种寻求知识帮助的搜索，我们还需要对其他因素进行分析，那就是用淘宝指数来调查分析。

二、淘宝指数调查

淘宝指数的调查，我们以“碧芬兰面膜”为例来说明，碧芬兰面膜，由“登登服务” http://d－den.taobao.com/ 这个淘宝店作为全国总经销。

我们进行了淘宝指数调查，在http://shu.taobao.com/输入“面膜贴”，发现可以调查的有好多热门关键字，这些关键字每个都是我们需要调查的关键字，先以“面膜贴”为例，其他的大家类推，出现的界面如下：

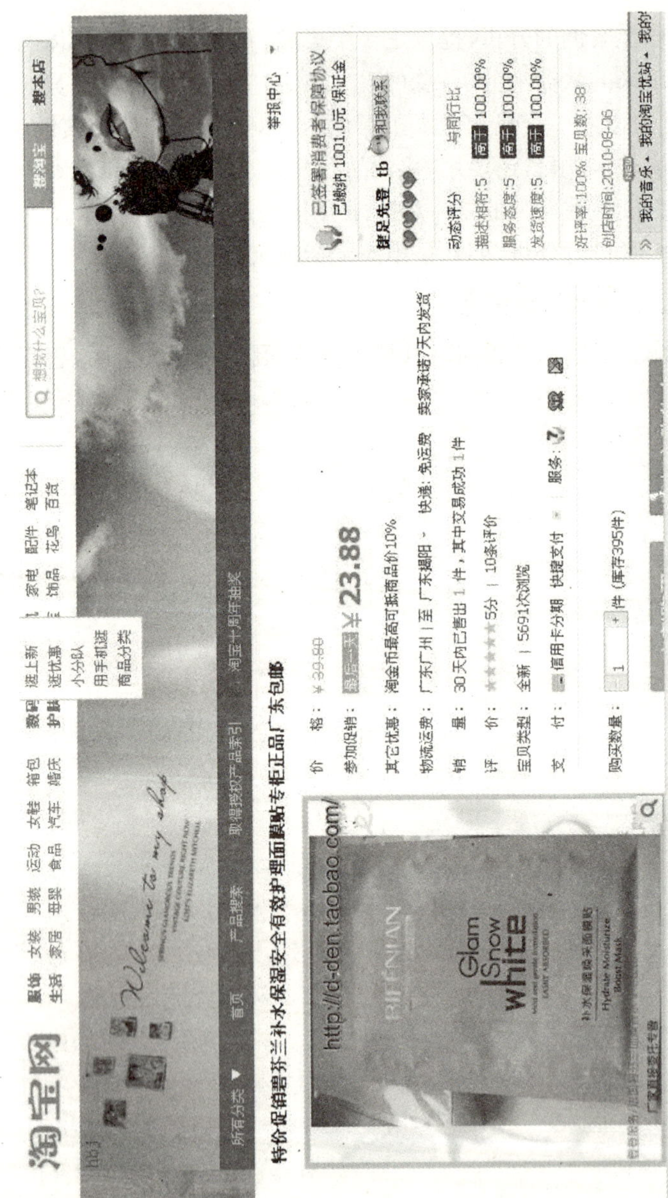
淘宝网
所有分类
首页
产品搜索
特价促销碧芬兰三补水保湿安全有效护理面膜贴专柜正品广东包邮
http://d-den.taobao.com/
价 格：¥39.80
参加促销：¥23.88
其它优惠：淘金币最高可抵商品价10%
物流运费：广东广州|至 广东揭阳 快递：免运费 卖家承诺7天内发货
销 量：30天内已售出1件，其中交易成功1件
评 价：5分 | 10条评价
宝贝类型：全新 | 5691次浏览
支 付：信用卡分期 快捷支付
购买数量：1 件（库存395件）
已签署消费者保障协议
已缴纳1001.0元保证金
动态评分
描述相符：5 100.00%
服务态度：5 100.00%
发货速度：5 100.00%
好评率：100% 宝贝数：38
创店时间：2010-08-06
我的淘宝优站

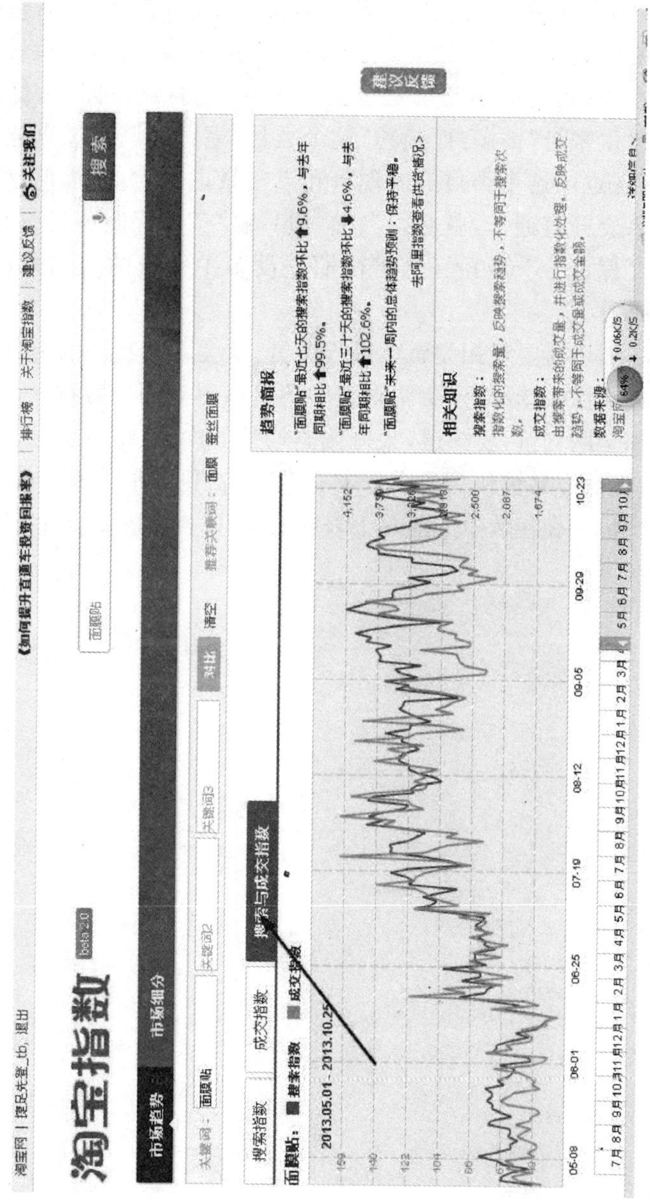

淘宝网 | 捷足先登_tb, 退出
《如何提升直通车投资回报率》 排行榜 关于淘宝指数 建议反馈
关注我们
淘宝指数 beta 2.0
面膜贴
搜索
市场趋势
市场细分
关键词： 面膜贴
关键词2
关键词3
对比
清空
推荐关键词： 面膜 蚕丝面膜
搜索指数
成交指数
搜索与成交指数
面膜贴： 搜索指数 成交指数
2013.05.01 - 2013.10.25
趋势简报
"面膜贴"最近七天的搜索指数环比 ↑9.6%，与去年同期相比 ↑99.5%。
"面膜贴"最近三十天的搜索指数环比 ↓4.6%，与去年同期相比 ↑102.6%。
"面膜贴"未来一周内的总体趋势预测：保持平稳。
去阿里指数查看"供货"情况>
相关知识
搜索指数：
指数化的搜索量，反映搜索趋势，不等同于搜索次数。
成交指数：
由搜索带来的成交量，并进行指数化处理。反映成交趋势，不等同于成交量或成交金额。
数据来源：
建议反馈
05-08
06-01
06-25
07-19
08-12
09-05
09-29
10-23

其中蓝色的线是搜索指数，橙色线为成交指数，而右边的两个说明是应该注意的信息，还可以从中进一步调查，再看看市场细分这块，我们不难发现是按类目来划分的，见下图，占绝大多数的销量来自“面膜/面膜粉”这个类目，笔者也调查过直通车数据，发现也以这个类目的展现量和点击量占绝大多数，但这个类目如果要开直通车，就必须参加“假一赔三”消保服务，这项服务要另交保证金3 000元，这对初期还没多少销量的店铺来说，笔者不推荐。

我们还需要对相关属性进行调查，这关系到我们的宝贝标题和宝贝属性的选择，多个调查表中还可以得到两个数据——热销指数和全网均价，要知道，太过偏离均价的产品，将不是最合适的产品，太低容易被认为是次货或 A 货，太高则增加了推广难度，当然这个价是在包装量的前提下表现的，需要自己进一步分析。

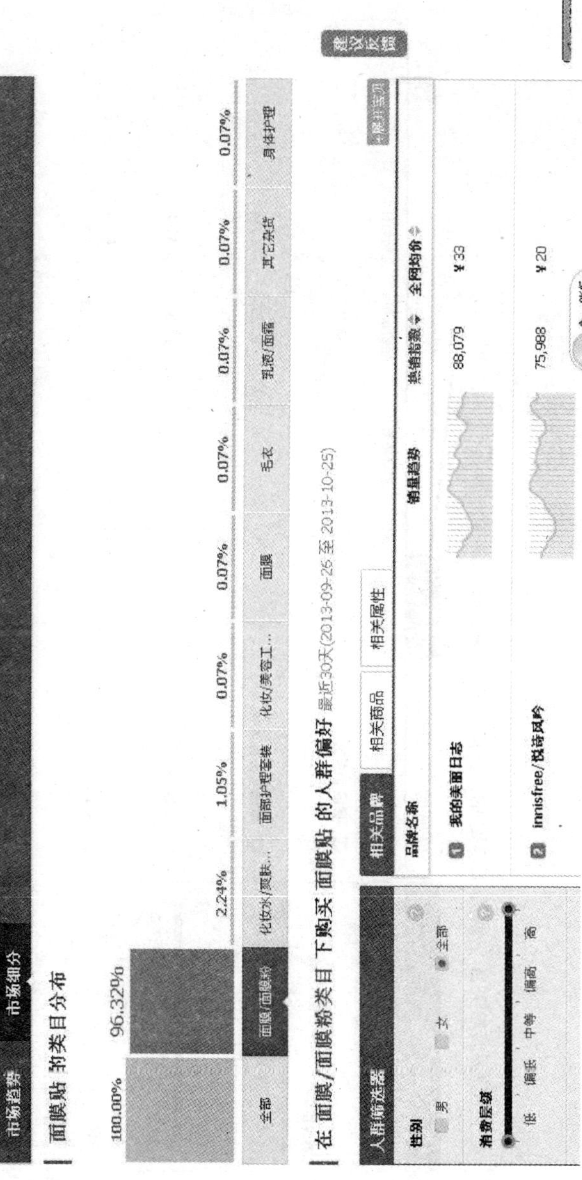
市场趋势
市场细分
面膜贴 的类目分布
100.00%
96.32%
2.24%
1.05%
0.07%
0.07%
0.07%
0.07%
0.07%
0.07%
全部
面膜/面膜粉
化妆水/爽肤…
面部护理套装
化妆/美容工…
面膜
毛衣
乳液/面霜
其它杂货
身体护理
在 面膜/面膜粉类目 下购买 面膜贴 的人群偏好 最近30天(2013-09-26 至 2013-10-25)
人群筛选器
性别
男
女
全部
消费层级
低
偏低
中等
偏高
高
相关品牌
相关商品
相关属性
品牌名称
销量趋势
热销指数
全网均价
1 我的美丽日志
88,079
¥33
2 innisfree/悦诗风吟
75,988
¥20

在 面膜/面膜粉类目 下购买 面膜贴 的人群偏好 最近30天(2013-09-26 至 2013-10-25)

人群筛选器

性别：男 女 全部

消费层级：低 偏低 中等 偏高 高

买家等级：新手级 初级 中级 资深级 骨灰级

身份：白领 学生 全部

相关品牌 | 相关商品 | 相关属性 | +展开宝贝

宝贝属性组合	销量趋势	热销指数	全网均价
1 保湿 面膜帖		43,617	¥66
2 收缩毛孔 面膜帖		20,258	¥114
3 其他功效 面膜帖		14,189	¥89
4 面膜帖		14,026	¥57

建议反馈

返回顶部

我们再回过来看看市场趋势的地区分布，看看有什么特点。

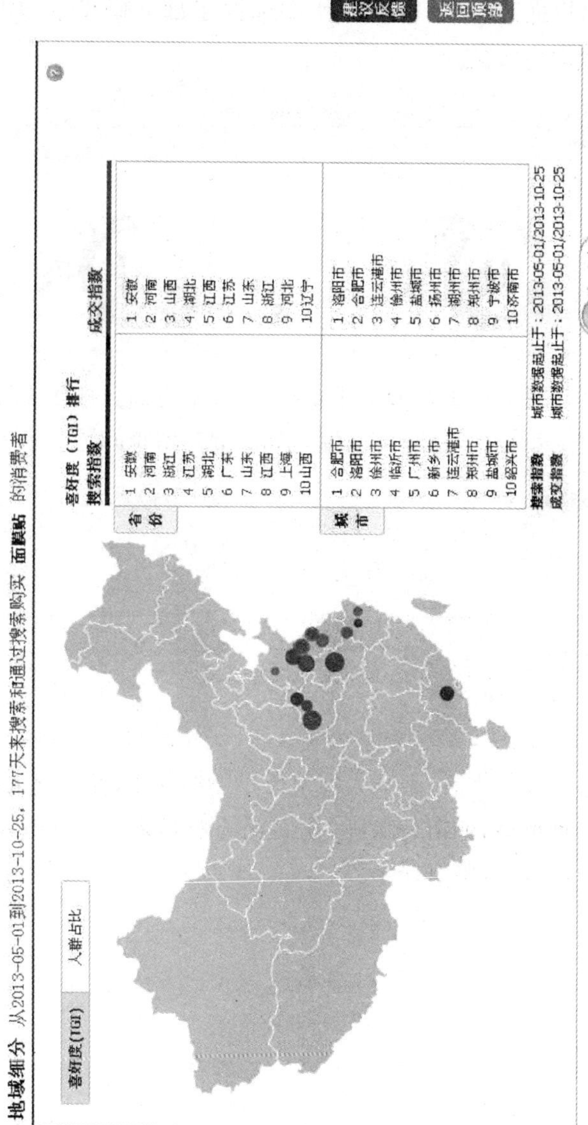

不难看出，买家的热搜地区和热销地区相对集中在安徽、河南等前十名里面，而广东和浙江则不同，除了部分顾客外，集中了供应商的搜索与成交。

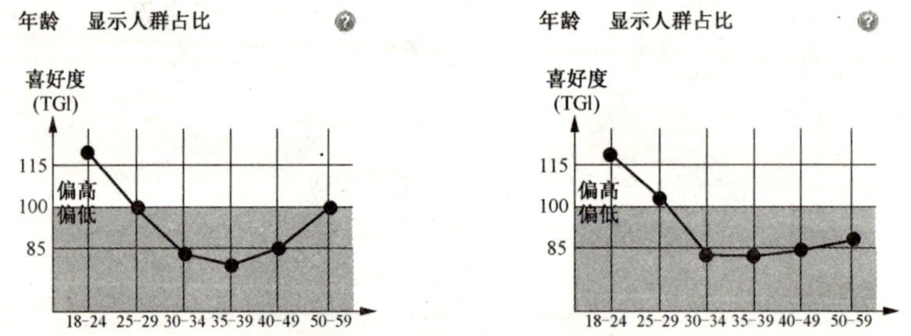

人群定位方面男性搜索比女性多，成交方面男性比女性也多，但比例进一步拉大，这里可以说明什么呢？留个问题大家来回答。

从年龄段上来看，搜索人群呈反抛物线状态，而成交人群则表现出另一种形态，如何分析呢，我们现场一起来进行分析，先由学生来思考回答，教师点评。

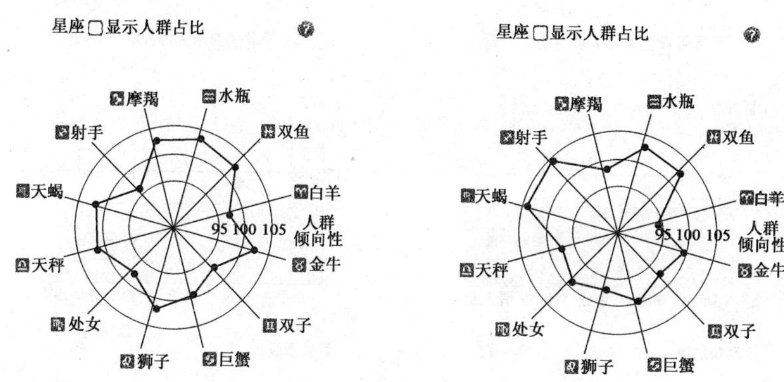

从星座上来划分人群，要知道，淘宝上的资料是实际个人资料的，这里反映的星座是每个人真实生日的真实星座，我们可以从中分析出不同星座的搜索特点和成交特点，来决定我们的营销推广措施，前面分析我们产品主要消费人群后，这就是我们需要关心的推广措施的一方面，也为客户关系管理打下基础。

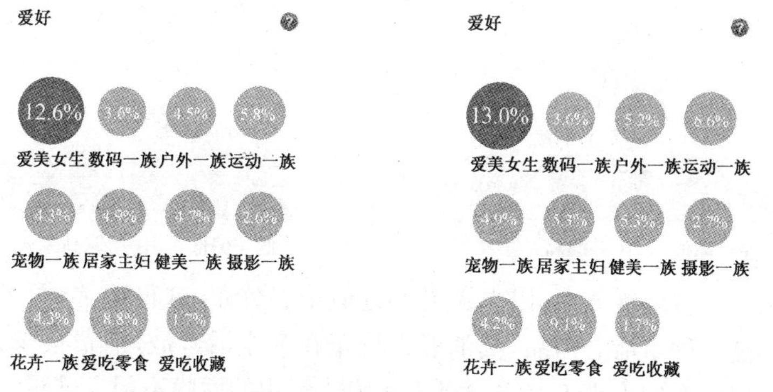

这个划分人群似乎是必然的，从爱好的方面来划分，占主要比例的很明显。

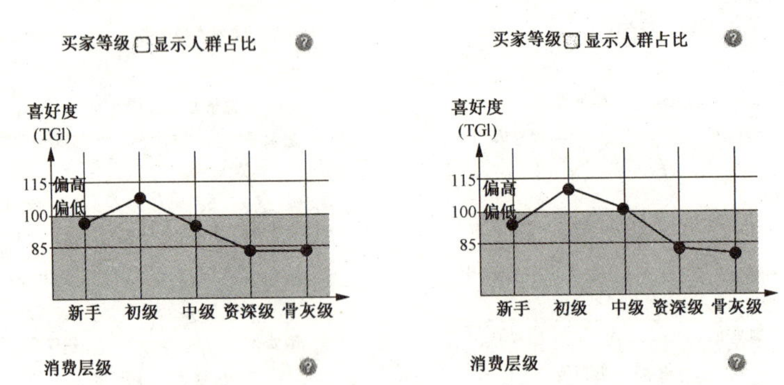

这是不同买家等级的搜索与成交特点，这两个图表明：初级买家搜索与成交都比较高，越高级买家的搜索与成交都变得理性一些。其中这里包含一些道理，还得大家动下脑筋。

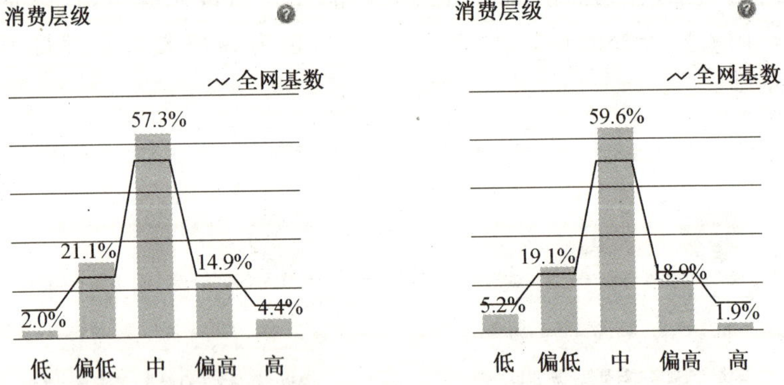

消费层级方面，以中级为主近似正态分布，这很正常，面膜贴不是一种生活必需品，低消费人群正在为生活奔波，消费很少，高消费层次的人也不必去自己敷面膜或所用的面膜不用自己买。

三、问卷调查

问卷调查，很多情况下，我们采用问卷星 http://www.sojump.com/ 来设计，而调查渠道我们经常会选择在 QQ 群上进行，我们如何设计问卷是很关键的问题，在哪个渠道上发布才可以让我们想要调查的人群真实填报，是我们关心的事情。

问卷星里已经有很多经典的案例，可以参照来设计，形成一个链接来发到合适的网络渠道进行调查，这里不深入进行探讨，就非常容易设计一个比较好的问卷。

我们需要注意，问卷宜采用封闭式问题单选或多选题为主，开放式问题适当有几个就行，比如："您通过什么渠道知道碧芬兰面膜？选择：A 同学介绍、B 老师推荐、C 网站搜索、D 朋友赠送、E 其他渠道"，要根据"碧芬兰面膜"这个产品目前知名度和投放的广告渠道来设计封闭式选择，而不宜设计为："您通过什么渠道知道碧芬兰面膜？回答：______________________________"。

设计问卷需要收集一些细分市场的因素，比如想要从年龄来划分、从收入来划分、从职业来划分等，这里可以先分一块来让被调查者填写，而被调查者可能会涉及一些敏感问题而不肯全填或真实地填，这方面宜设计一些奖品诱惑来促使他们实现我们的目标。

问卷的问题数目尽量少，一环扣一环，逐步直达调查目标，最好只用 10 个问题就能达到调查目标，而且只有最后一道是开放式问题，被调查者对于越少的问题、越不涉及隐私的问题，越容易帮你填写问卷。一个一环扣一环，将所得再投入，过关斩将的游戏，即使最终很高的奖励，只要中途一关可能达不到最终的，一般人都会选择中间过了一关有所得即退出，更何况中间没有既得利益可言的一定要玩到最终才有所得的问卷，而更多的回答问卷只是浪费时间一点都得不到的。

网络问卷调查，要考虑拟调查的人群，针对白领和学生是比较好的，针对其他人群就不一定适合，这是产品潜在顾客的人群特点决定的，也就是说部分产品不适合网络调查，在网上进行调查的话，有失真实性。目前来说，老板上网与白领上网的角度不同，潜在顾客不上网的也存在的，要从不同产品的潜在顾客人群或其相关的人群来设计问卷，比如前面说的“碧芬兰面膜”，针对“女大学生”这种潜在顾客群体，如何设计问卷的问题呢？我们可以采取头脑风暴法，分组进行讨论，选出一个最佳的方案，将问题限制在5个内。

四、线下调查

线下调查与前面的问卷星网络调查一样，内容设计可以是一样的，只是对于调查的地区与人群、时间段选择等方面要进行策划，QQ群渠道的调查讲究白领上班时间方便找到，而线下调查，则是针对某个地区潜在客户的活动情况。

比如针对白领的调查，他们是什么时间什么地点可以找到？什么时间段他们愿意配合调查？这是我们做调查计划需要很重视的问题。大家知道目前白领有的使用公共交通工具，也有自驾上下班的，要根据不同特点的人群来找到跟他们合适的沟通环境。以使用公共交通工具为例，早上排队等车总比下班回家的时候更多时间，但各有特点，排队等车的人可以找到切入点来聊下，下班回家的人适合带彩页回家慢慢看。

目前比较多的调查，要么就是给他们造成负担（浪费时间、暴露隐私、缠人很烦等)，要么就是让大家觉得可能是个吸引人的骗局，五花八门的调查，使人们觉得调查诚信度不高，从心理上不接受，导致调查取得的数据有所偏差，数据缺乏客观真实性的决策，将会导致严重的后果，如果能将调查变成人们对需求的诉求将可给他带来利益，又可能由于人的趋利性出现偏差，这个问题一旦解决，将会是水到渠成。

2.2 实施能力分析

实施能力分析需要解决两个问题:(1) 我们的优势或长处在哪？包括掌控了哪些资源？(2) 我们的劣势和风险在哪？采取的措施是否足够可以转化？

虽说做充足的准备对项目成功更有保证，但也是要投入的，虽说办法总比困难多，但外部和内部条件也会不断变化，越大的项目历时越长，事先的计划需要进行变更的更多，策划的方案并不全部能从一开始就完全掌控未来，否则就不会有烂尾工程存在。

2.2.1 优势分析

用合适的资源去做合适的事，过多资源去完成一件小事，是大材小用，浪费资源，过少的资源去做大事，后继不上，造成烂尾。

我们需要根据掌控的资源来实施项目，资源包括人才、资金、原材料、设备设施、技术和方法，这几个方面需要进行掌控。

人才方面，针对创业项目，是个关键因素，需要分析所参与的人员中知识、技能等方面的优势以及团队合作的程度。如果仅是个人就业中的提升生产力，那就分析自身通过学习进步掌握技能的优势在哪，这还跟个人因素有关，有的需要笨鸟先飞的办法，有的一点即通。而团队创业方面，更重要的是发挥团队所有人员的配合和协作精神，达到蚂蚁撼大树的效果。

资金方面可以从两个方面来看，一是自有资金，二是筹措资金，是否存在优势。

设备和设施也包含了技术资源，有的项目依靠的就是专有设备，专用设备就是优势所在。有了专用设备，是否有合适操作的人员，熟练操作专用设备才能发挥生产力。

环境因素上，是否有政策、地理位置、交通运输、原材料供应等带来的优势。近年来提倡环保、新能源、低碳生活，是否有这符合政府引导带来的政策优势。大学生创业有哪些扶持政策，依据国家促进中小企业法可取得哪些政策优惠，如何争取落实。

根据项目特点来分析我们的优势。优势要采取措施加以利用，以使项目进展顺利。

2.2.2 劣势分析

从另一个角度来看，有优势的方面，也会有劣势的方面。要客观分析，劣势方面要采取措施予以转化，要有针对性来分析；自身不足方面，从人员、机械设备、原材料、技术和方法、环境等几个方面，展开来仔细列明，这将是后续制定对策措施的重要依据，我们需要对劣势方面进行转化，或采取措施防止发生，或采取措施将损失减到最低。

劣势分析方面，还要分析竞争对手，哪些不如对手，因为切入市场，对手一般会采取措施阻止进入，他们采取的措施可能导致我们项目失败，我们需要有措施来预防。

环境劣势，也需要进行分析，项目是在特定地点选择时机实施的，总会受到一些限制，特别是环保、安全方面，是否存在问题，需要仔细研究。当地有哪些规定或风俗习惯将对项目造成制约。

2.2.3 风险分析

从内因方面来分析存在的风险，风险来自于外来因素、客观因素比较多，但来自内因方面也不能排除，如决策失误就是来自内因的风险，这跟大家收集掌握的信息有关，与分析判断能力有关，往往比较有经验的人比新手更有把握决策准确，但有时由于犹豫也会错失时机，这就是事情并无绝对。

这部分在后面的风险管理部分进一步展开，而不在这块上重复。

2.3 项目策划书

根据以上的客观环境及实施能力的分析，已将项目的情况掌握了，而在写项目策划书之前，需要对多个项目进行对比评价，决定选择一个最合适的项目，进而编写项目策划书。

项目策划书的内容大致可以这样：

第一部分，项目及目标描述。

第二部分，SWOT分析，就是外部环境的机会与挑战分析、内部优势和劣势分析，这个分析按本章前面所述进行，有针对性地分析。

第三部分，制定对策措施，可以用矩阵的方式来编写。

	优势 S	弱势 W
机会 O		
挑战 T		

这样就有四个方面的对策：

SO：基于我们的长处，如何抓住机会；

ST：我们的长处，对于威胁或风险制定合适不过当的措施；

WO：在机会面前，我们的劣势如何转化为优势的措施；

WT：我们的劣势要面对挑战、竞争或风险，如何采取措施转化或稳守，减少损失等方面。

以上措施，应该很有针对性地制定。比如 WO 措施方面，对于学生来说，很多情况下由于学习能力还不够，或资源的掌控还不到位，即使机会来了，还是错失，这里要充分认识到这种可能性，在制定措施的时候，做些预防措施。

再比如 WT 方面，我们资金实力不如竞争对手的时候，就没必要与对手一样采取拼价格的措施，否则大家赚不到钱，对方以本伤人可以承受得下来，我们实力不够就很快会出局。

第四部分，经济可行性分析。

第五部分，实施计划与控制措施。

附例

《碧芬兰面膜网络推广方案》及阶段实施过程部分截图（注：获得第六届邮储银行杯网商大赛两广分赛区二等奖）

3 项目计划与控制

为确保项目成功率提高，必须有个合理的计划，还要按计划实施，而所编制的计划将是项目策划书的重要内容，创业项目更需要一个科学的计划，创业项目之所以成功率比较低，计划是否科学为一大因素，我们要使创业项目成功，就得在事先做充分的调查分析基础上，制定好对策措施，再将这些对策措施排出合理的计划。

目前来看，用 Project 软件来编排计划是非常合适的，程序容易掌握，可实现的报表也很直观。

本章需要掌握的知识：

1. 学会用 Project 软件来编制项目计划；

2. 掌握编制项目计划的基本要求；

3. 学会过程控制的方法，重点掌握质量控制、进度控制、成本控制、风险控制。

【引例】

企业家精神的典范

——山姆·华顿的创业与沃尔玛[1]

1992 年 3 月，美国总统布什亲自颁奖章给沃尔玛平价连锁商

---

① 赵伊川：创业管理，中国商务出版社，2004 年 7 月第 1 版（本书作了较大删节和修改）

店(Wal - Mrt)的创始人山姆·华顿,表彰他的企业家精神实现了美国人的梦想。

三十年来(1962—1992),华顿致力于将五分一角商店发展成庞大的折扣零售系统,建立了沃尔玛零售连锁王国。美国《财富》杂志已连续十多年将 Wal - Mrt 评为全球 500 强的首位。

(一) 平凡而坎坷的创业起步

1940 年,山姆以半工半读完成在密苏里大学工商管理系的学习,进入捷西·潘尼的公司,被派在爱达荷州首府德梅因市分店接受训练及服务。18 个月后辞职,原因是可能被征召入伍。在这一段时间有几件事发生,让华顿终生受益。

他熟记捷西·潘尼公司七个守则,全心全力付诸实行。1913 年成立的捷西·潘尼公司守则如下:

(1) 竭尽全力为顾客服务,使他们完全满意。

(2) 相信我们提供的服务可得到利润以外的酬劳。

(3) 全力以赴,使顾客觉得他们的钱花的有价值。

(4) 不断提升完善的服务技巧,以便为顾客提供最佳服务。

(5) 不断提高员工素质。

(6) 让提供优质服务的员工均能分享由此带来的利润。

(7) 时时检讨我们的方针、方法是否与正确的经营目标相抵触。

其次,捷西·潘尼的创始人、时年 65 岁的约翰·凯许·潘尼,在德梅因市的捷西·潘尼店中亲自给他儿子上了一课。

我包好货品,顾客走了。潘尼先生走过来,他说:孩子,我想给你示范一下。他拿起一个和我刚包装的同样大小的盒子,用纸四面围上,就扎好了。然后说:孩子,你知道我卖一件东西赚不了一角钱,我们的利润是从节省下来的纸得来的。

最后,捷西·潘尼公司中,只有“伙伴”这个称呼是潘尼先生想出来的,山姆记住了这个名字,日后还被他沿用着。

1943 年,华顿夫妇向银行家伯森贷款 25 000 美元,向乔治·史考特买下阿肯色州纽波特市巴特勒兄弟"班·富兰克林商店"的加盟经营权、存货、经营器具及店面租约,开始创业。他一面参考巴特勒兄弟公司手册,学习如何选购商品、如何定价、如何在店内陈列商品,一面将早年在德梅因市捷西·潘尼公司努力学习的零售技巧和约翰·凯许·潘尼本人"顾客满意至上"的经营理念,发挥得淋漓尽致。他也留心各种商业信息,推出市场上时兴的商品,如喷雾杀虫剂、冷冻橘汁和每支 2.55 元的原子笔(他知道大量生产后价格必然下降,而且会逐渐风行全国)。

华顿不断学习营销的经验,注意掌握如何以最低价格进货,再以最低价格售给顾客;此外,总是想着如何扩大经营。他向商业银行借了 1.25 万美元买了一架手提冰淇淋制造机,让附近农场主人及他们的家人蜂拥而至,花个五分一角尝个新鲜。他还开发了爆玉米花。他在纽波特市的一位好友回忆说:"星期六下午,山姆在店门前把爆米花烧热,香气诱人,吸引市中心的人群。在他那一角落生意最忙,让他赚了不少钱。"

山姆第 1 年底(1943 年)的销售额为 8 万美元。到 1948 年底,销售额为 20.5 万美元,缔造了阿肯色州内单一杂货店最高记录,他说:"这正是我要做的——领先别人"。由于华顿在店面租约中,没有签下续约优先权,租房在 1950 年底到期,无法续约,只好将既有事业基础拱手让给房东,由其子继续经营。

山姆于 1950 年 5 月在阿肯色州北部的本顿维尔开始经营一家杂货店。山姆说:"我买店花了 1.5 万美元,买店面花了 2 万美元,装修扩展店面用了 2 万美元,把从纽波特带出来的钱都用完了,等于一切从头开始。"

本顿维尔人口只有 2.9 万,房子 900 栋,电话不到 500 部,车子约 800 辆,公立学校学生近 1 000 名,20 世纪 70 年代中期才装设红绿交通灯。当山姆往店外看时,他想到要在此地立业,其成功条件是:将传统的南方人的勤劳、谨慎、勇敢个性,与低价位、顾客满意至上的经营原则结合到一起。

这是华顿建立的第一家"山姆·华顿五分一角店",在日后30年内,他逐渐发展成华顿折扣连锁王国。(附注:华顿第一家五分一角店名称依然为班·富兰克林,1962年才改为华顿商场(Wal-Mart)。日后,华顿商请维尔逊运动用品公司制作华顿牌网球时才发觉他们并没有注册商标,山姆的老大罗伯立刻申请法律手续,才合法拥有"华顿"商标专用权。)

(二) 在不断创新中发展

华顿先生在创业过程中,不断追求卓越,通过持续创新,寻找传统零售业成功模式。

1. 小镇开设大型杂货店

1956年山姆驾驶飞机第一次飞越南密苏里州中部,从空中看到几百辆18轮拖车正在军营装卸机械物品,他立刻把这些拖载情况和他的扩展计划联系在一起:在这个肯定有12 000名军人和家属的雷洛伍德军营门口开一家五分一角店,生意一定兴隆。

山姆很幸运地在威尼威尔郊区租到370坪的店面,一年后扩充到500坪,这个店的销售额很快达到200万美元,当时全美只此一家有此业绩。

山姆回忆说:"我们是全国第一家在小镇开设大规模的独立杂货连锁店,在这里取得成功后,我们觉得可以在贝利维尔和本顿维尔推广,我们在只有20 000人的小镇上开设面积达到370坪的店,在当时被认为是不合乎常理的,我们的大型杂货店可以向更多顾客提供更多样化的商品,一个杂货店的销售额可以达到100万美元,那是前所未有的。"

2. 折扣销售

山姆回忆说:"我被折扣销售的想法迷住了,这种做法是第二次世界大战后在新因梅兰地区开始的,所以我就上那里去看。"首先是罗德岛的张伯伦·马丁·崔西(折扣零售的发明者)告述他:“只要尽量降低营运费用,商品就能以低价卖给顾客。”

1960年间,他走遍当时的折扣零售店。他自我介绍是阿肯色州的乡巴佬,以谦虚的口吻及商人锐利的眼光与商店负责人交谈。最后他决定了未来的Wal-Mart的经营形式。

3. 批发俱乐部

1983年1月一个阳光普照的早晨,山姆飞到圣地亚哥考察一种新式折扣业——批发俱乐部,它是由奈尔·普莱斯发明的,它把商品以出厂价加上10%出售,获得惊人的成功。就像以前借用杰西·潘尼和其他精明商人的方法一样,山姆和批发俱乐部店主谈谈,了解细节,他发觉这种批发俱乐部的经营想法妙极了。

飞回本顿维尔以后,山姆就召集高级营销专家,劲头十足地开始策划。1983年4月,第一家山姆批发俱乐部就在奥克拉荷马市郊的中西城开业了;接着,更多的山姆批发俱乐部迅速增加,到1990年,华顿总共有105家批发俱乐部,年销售额50亿美元。

多年来,山姆一直在寻求有效的方法,以低价的方式与理念打入富裕且复杂的大都会市场,终于他找到了。在占地面积2 800～3 000坪、看上去和仓库一样不加装修的建筑里销售汽车轮胎、办公用品、家具、微波炉……商品至少在3 500种以上,大多数商品装在箱子或运输用的货柜里,主要对象是销售小商贩或自用小企业。

山姆说:“我们的价格是厂价加上9%—12%的毛利,因此必须多销才能维持,每个批发俱乐部一年的销售额要达到2 500万美元才能获利。”批发俱乐部成功的主要原因在周转率快——俱乐部一年要周转16—18次,一般商场则为4次。为使俱乐部利益增加,山姆授权各俱乐部经理自行决定增减商品项目,因此,有的俱乐部就加上鲜肉、蔬菜、传真及快递服务。

4. 美国巨型化超市

1984 年，第一个超大型超市“比斯”在辛辛那提开业，它占地 5 600 坪，由被法国政府限制发展的法国人带到美国经营。它出售食品、服装和各种货品。

山姆和他的助手被这种巨型超市的获利前景所吸引，他们立刻行动，设计了没有隔墙的购物中心——美国化巨型超市。1987 年 12 月，第一家美国巨型超市在德州盖南镇开张，接着第二家、第三家以不同经营方式，陆续在各地开业。山姆说：“我们要尝试不同的方案、方式，以便决定哪一种方式最好。这当然要花时间，因为我们还在学习，有许多事物我还没有了解。”

5. 超级中心

美国人一年花费于食品杂货的支出高达 2 400 亿美元，山姆在惊愕之余，也产生了对销售食品的兴趣。Wal-Mart 又形成新的经营方式——超级中心，1988 年 3 月在密苏里州开张了，占地 3 400坪，相当于一个标准折扣零售商场加上一个食品杂货超市。接着，面积、服务项目相近的超级中心陆续在各地成立。他为这种中心定下预期的销售目标是 3 000 万美元。

（三）积败成胜，越挫越勇

华顿先生在创业过程中，面临过许多挫折，他以坚强意志及十足信心承受沉重打击之余，绞尽脑汁努力寻找解决之道，以下是三个典型的例子。

1. 购物中心设立失败

“我当时想在全国各地建立购物中心，以为很快就会成为巨头，不费吹灰之力就能成功。”于是采取冒险行动，买下阿肯色州小石城两街会合处的土地优先购买权，四处奔走，促使政府开筑马路、和伍尔沃斯签约，让他们在未来的购物中心内设店。

在 Wal-Mart 历史备忘录中有这么一段话：“当时我们有好主意，但是没有足够的钱。我们的钱用完了，只好收场，决定还是回到本顿维尔的杂货店。我们的购物中心构想，走在时代前面大约十年。”

购物中心失败却没有白废，山姆说：“那是最生动的一刻，使我掌握了业务拓展的原则。幸好我们在错误未发展到危险之前及时修正了，避免陷入困境。”其次，山姆在小石城开了一家班·富兰克林店，与杰奎琳·史蒂芬斯建立友谊。二十年后，史蒂芬斯的证券交易所协助山姆度过了资金周转的危机。正如《淮南子·人间训》曰：“人间万事塞翁马。”

2. 动员富兰克林改弦易辙

山姆预见折扣零售概念——降低售价将利润分享给顾客——将逐渐盛行，因此将导致对仓储、采购和管理水平要求的提高。“既然班·富兰克林能成功，就可以请他们负责采购和仓储，我们只管销售。但是要做到这点，班·富兰克林必须保证以更低的价格批发商品给我们，我们再将利润分享给顾客。”

1962 年冬天，山姆前往芝加哥的班·富兰克林总部。他建议该公司加入折扣零售行列，并将批发毛利从 20%～25% 降到 12.5%。芝加哥之行彻底失败，然而山姆不但不泄气，反而更努力，绞尽脑汁寻找其他出路。第二天，山姆跑到芝加哥 K－Mart 新设立的商品货架看，一边和店员谈天，手上拿着小记事本记着心得。当时在场的富兰克林总部的一位主管问他：“你在这里干什么？”山姆回答道：“学习呀，我在这里取经呢！”

3. 饱受吉伯公司奚落

山姆一直注意观察费特维尔的“吉伯折扣零售店”，他们的经营方针是“商品堆的高，售价卖得低”。他们不重视店面装修，看上去像座仓库。山姆考虑是否可以沾点吉伯连锁店的光，或者参加他们的加盟店，或是经由他们总公司购进商品。他决定经由他们总公司购进商品。

1975 年一天下午，山姆来到达拉斯吉伯公司总部会见吉伯创始

人赫伯·吉伯。日后山姆叙述当日情况如下:

“你有10万美元吗?”吉伯问道。

“没有。”

“我们是整卡车买进的,钱少了办不到。”

“但是我……”

“你不够格和我们来往,再见。”

山姆虽然失败,但是他依然信心十足,确信他的方向是正确的,只不过他还必须不断努力,以赢得别人的信任和设法大量采购,以低价进货。

(四)沃尔玛成功的经营理念

山姆·华顿在创造竞争优势与低成本结构两方面的正确决策及有效持续贯彻执行,缔造了零售连锁王国的奇迹。他的卓越经营理念乃是由少数经营管理基本原则紧密结合本企业特点,从而使“华顿企业文化”绵延不已。

1. 极端节省

从五分一角商店时代开始,山姆就鄙弃被常人视为正常水准的奢侈:他的板条箱书架用过多年,将锯木架钉上三夹板做成桌子;他的总部办公室和仓库连为一体,随时可以听到远处传来的卸货台上的嘈杂声;他更经常驾驶中小货车巡视各地;他认为公司营运成本包括工资、奖金、津贴等,需控制在销售额的2%以内,通常可以控制地很好。

2. 顾客满意至上

Wal-Mart的金科玉律:第一条,顾客永远是对的;第二条,如果顾客错了,参照第一条。在Wal-Mart里,顾客退换一双就要脱底的鞋子,店员不仅要高高兴兴换上一双新的,还得奉上一双袜子用以补偿顾客的损失。

在1989年的公司公报上,华顿还强调公司伙伴应该向顾客传达这样的信息:“我们为给您带来不便深感遗憾,希望您能满意。”

3. 不断创新与成长

山姆常说:"……我的资产之一就是变革,我想公司也是一样,我们提倡创新。"他曾对《金融世界》的记者说:"听取建议、乐于变革是我们的标志,我们提倡创新,我们要不断进行必要的改进。零售业发展日新月异,不断创新使我们发展至今天的规模,我们一直很灵活,每天都进行必要的调整……"

1990年,华顿正受到骨髓癌的威胁时,他却还在全心全力拟订20世纪90年代经营计划。6月1日,在阿肯色大学的班希尔体育馆,他虽然身带重病,依然生气勃勃地手持麦克风吐露他心中的奥秘,他说:"我相信Wal-Mart能在10年内把店内数增加一倍。"用数字换算是:

1990年　1 500家分店　年销售258亿美元

2000年　3 335家分店　年销售1 290亿美元

1989年的美国《财富》杂志曾经刊载这样一篇文章:《山姆是如何成为全美最受尊敬的零售商的?》。人们普遍认为他是个性格复杂的人,有顽强不屈的意志。毛驴西瓜一幕显示他善用"巴南式"宣传促销手法。他有点像吉米·斯图亚特,外表英俊,常说"哦,哪有这回事!"而招人喜欢;他有点像比利·格伦,具有中部淳朴的乡下佬无法抗拒的魅力和说服力;他更像亨利·福特,是一个把各种经济现象和自己企业联系在一起的天才;他像一只旧日在斗鸡场上的公鸡,好斗、不服输,千方百计保全自己的疆界。

华顿去世后,由其长子罗伯·华顿接手经营庞大的业务。罗伯·华顿更一手将Wal-Mart推进成为百货业最为成熟的领域,Wal-Mart一举成为全球最大企业。

相比较于微软的比尔·盖茨在短时间致富、创造巨大影响力的模式,美国Wal-Mart的创始人华顿所代表的正是传统,一步一个脚印,长时间积累才得以创造出辉煌宏伟局面。比起新经济所隐含的大起大落的风险,Wal-Mart不仅执行传统经营理念与模式，同时也不断引领、革新旧经济价值观。

不管哪个项目，都得定好目标，为了目标的实现，就得有个计划。经营理念贯穿于项目工作的全过程，企业精神需要落实到计划的每道工序上，并不是提提口号就可以的。

3.1 Project 软件编排计划

3.1.1 编制计划简介

首先要安装 Project 软件，这个安装过程很简单，本书就不介绍了，我们需要掌握使用 Project 软件来编制我们的计划，现在以一个简单工作过程为例来介绍如何使用。

作者曾在课堂上出了个题："所有在座学生今晚以宿舍为单位打边炉"(注:每个宿舍四人)，要求学生将各道工序列出来，他们一致认为这样"1 买菜;2 洗菜;3 切菜切肉;4 烧水;5 放汤底料;6 吃;7 吃完收拾"，这是他们先提出又协商的流程。

作者本人则说这个流程不好，按那个流程有好东西也吃不到好味道，提出新的流程:"1 协商买什么菜;2 派人买菜;3 分工洗菜及切菜切肉腌制同时进行;4 做汤底(酸菜及罗卜);5 准备花椒辣椒油(控制火候);6 人员叫齐(这是里程碑，人没到齐则先关火，人员到齐后重开火至烧开);7 依次放鱼骨鱼头及肉片;8 放鱼片;9 浇花椒辣椒油;10 熄火;11 抢吃;12 放鸡肉;13 继续抢吃;14 喝汤;15 加水烧开;16 放青菜;17 继续抢吃;18 放其他肉类与青菜;19 继续抢吃;20 吃完收拾"。这就是作者平时与几位老师一起打边炉的流程。

就上述两个例子，我们来用 Project 软件来编写计划:

一、学生打边炉计划

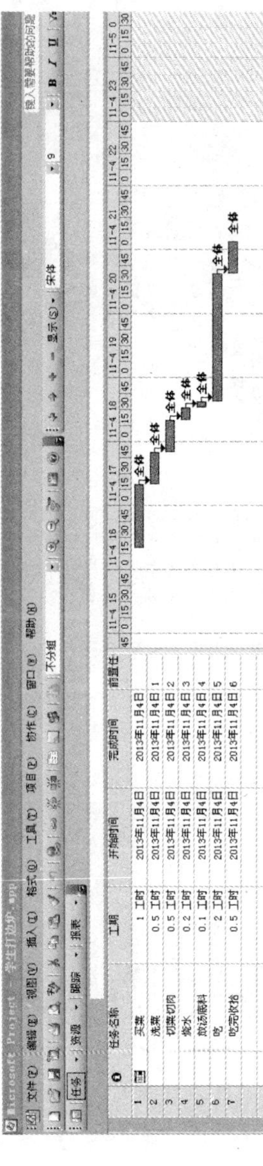

	任务名称	工期	开始时间	完成时间	前置任务
1	买菜	1 工时	2013年11月4日	2013年11月4日	
2	洗菜	0.5 工时	2013年11月4日	2013年11月4日	1
3	切菜切肉	0.5 工时	2013年11月4日	2013年11月4日	2
4	烧水	0.2 工时	2013年11月4日	2013年11月4日	3
5	放汤底料	0.1 工时	2013年11月4日	2013年11月4日	4
6	吃	2 工时	2013年11月4日	2013年11月4日	5
7	吃完收拾	0.5 工时	2013年11月4日	2013年11月4日	6

二、作者的打边炉计划

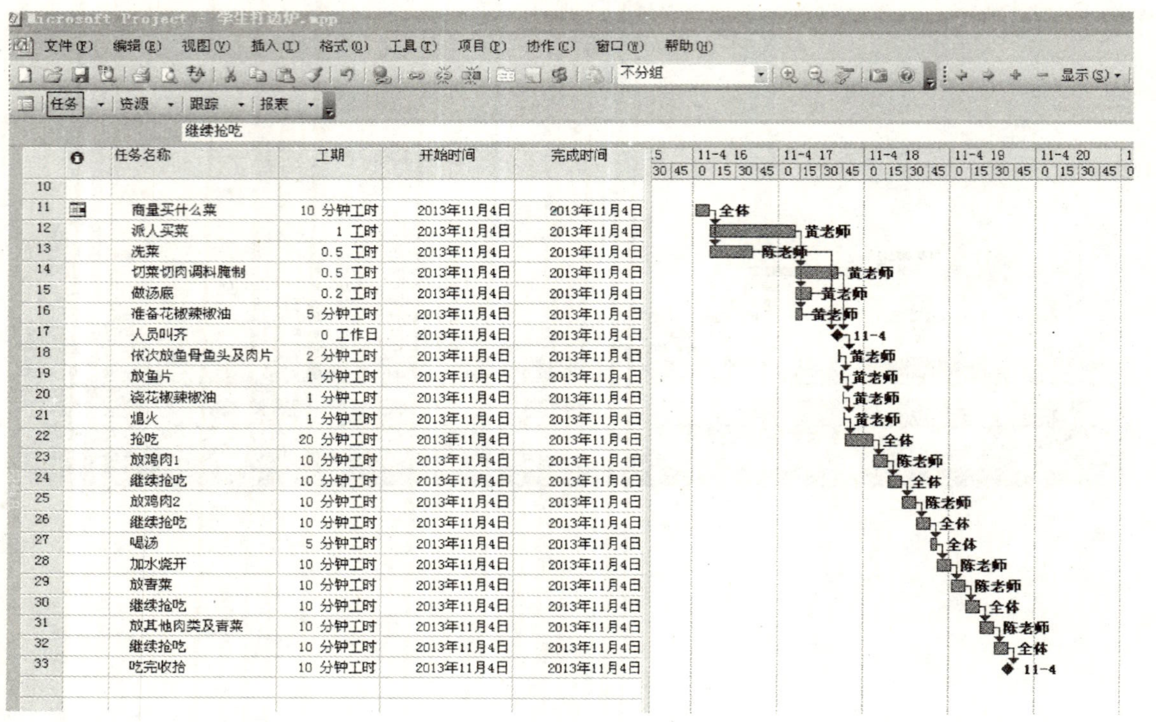

Microsoft Project - 学生打边炉.mpp

继续抢吃

		任务名称	工期	开始时间	完成时间
10					
11		商量买什么菜	10 分钟工时	2013年11月4日	2013年11月4日
12		派人买菜	1 工时	2013年11月4日	2013年11月4日
13		洗菜	0.5 工时	2013年11月4日	2013年11月4日
14		切菜切肉调料腌制	0.5 工时	2013年11月4日	2013年11月4日
15		做汤底	0.2 工时	2013年11月4日	2013年11月4日
16		准备花椒辣椒油	5 分钟工时	2013年11月4日	2013年11月4日
17		人员叫齐	0 工作日	2013年11月4日	2013年11月4日
18		依次放鱼骨鱼头及肉片	2 分钟工时	2013年11月4日	2013年11月4日
19		放鱼片	1 分钟工时	2013年11月4日	2013年11月4日
20		淋花椒辣椒油	1 分钟工时	2013年11月4日	2013年11月4日
21		焖火	1 分钟工时	2013年11月4日	2013年11月4日
22		抢吃	20 分钟工时	2013年11月4日	2013年11月4日
23		放鸡肉1	10 分钟工时	2013年11月4日	2013年11月4日
24		继续抢吃	10 分钟工时	2013年11月4日	2013年11月4日
25		放鸡肉2	10 分钟工时	2013年11月4日	2013年11月4日
26		继续抢吃	10 分钟工时	2013年11月4日	2013年11月4日
27		喝汤	5 分钟工时	2013年11月4日	2013年11月4日
28		加水烧开	10 分钟工时	2013年11月4日	2013年11月4日
29		放青菜	10 分钟工时	2013年11月4日	2013年11月4日
30		继续抢吃	10 分钟工时	2013年11月4日	2013年11月4日
31		放其他肉类及青菜	10 分钟工时	2013年11月4日	2013年11月4日
32		继续抢吃	10 分钟工时	2013年11月4日	2013年11月4日
33		吃完收拾	10 分钟工时	2013年11月4日	2013年11月4日

从这个图中，可以看出即使一个简单的“打边炉”项目，都可以用 Project 安排得井井有条，且可以尝到美味，这个计划充分考虑了控制火候的问题，还可以充分看出制作工艺和吃的步骤，这是作者自创的“酸菜鱼鸡肉边炉”。

而以上这个计划，有可能是广东理工职业学院网店运营实训室其中一个创业项目的内容，将这个流程加以扩展，就成了“酸菜鱼鸡肉边炉”创业项目，计划在实训室进行示范，免费试吃，然后在网店上卖边炉套餐料，让消费者拍下套餐后来实训室提货回去打边炉，或在实训室附近打边炉就餐。原料供应方面，拟跟一个菜市场合作，由他们提供并送货到实训室，这仅是第一步。如果成功，则开展第二步的深度创业。

3.1.2 计划编制要点

使用 Project 编制计划是非常容易的，程序的使用方面对于一般受过高等教育的人来说，过手摸索下很快可以掌握，这里就不深入介绍程序的功能。

一、先搞清楚几个逻辑关系。

FS 表示前道工序完成后，下道工序才开始；

FF 表示前后两道工序同时完成；

SS 表示前后两道工序同时开始；

SF 表示前道工序的开始在后道工序完成之后，与 FS 是一样的，在编制比较复杂交叉工序计划的时候有时会用到。

二、熟悉 Project 软件的使用，对于各道工序操作资源安排、设置里程碑、前置工序、费率等基本操作。

三、对项目进行工作分解，分解到确定资源的一个确定动作，即为工序，再将这些工序按工作顺序进行初步排列，先用 FS 关系全部串起来。

四、调整逻辑关系，对于不同资源的工序，尽量使用平行作业，调整紧前工序关系。

五、检查关键线路上的各道工序到里程碑工序是否能满足里程碑的要求，如果不行就得调整。

Project 会自动计算、自动调整，而如果出现错误的提示，应该是工序之间的设置出现矛盾，需要找到矛盾的工序设置，调整出来。

如上例中，想将开吃时间定在晚上 7 点钟，那就得将里程碑向后移动，操作上很简单，占鼠标点着那个里程碑向右移动过去就行。

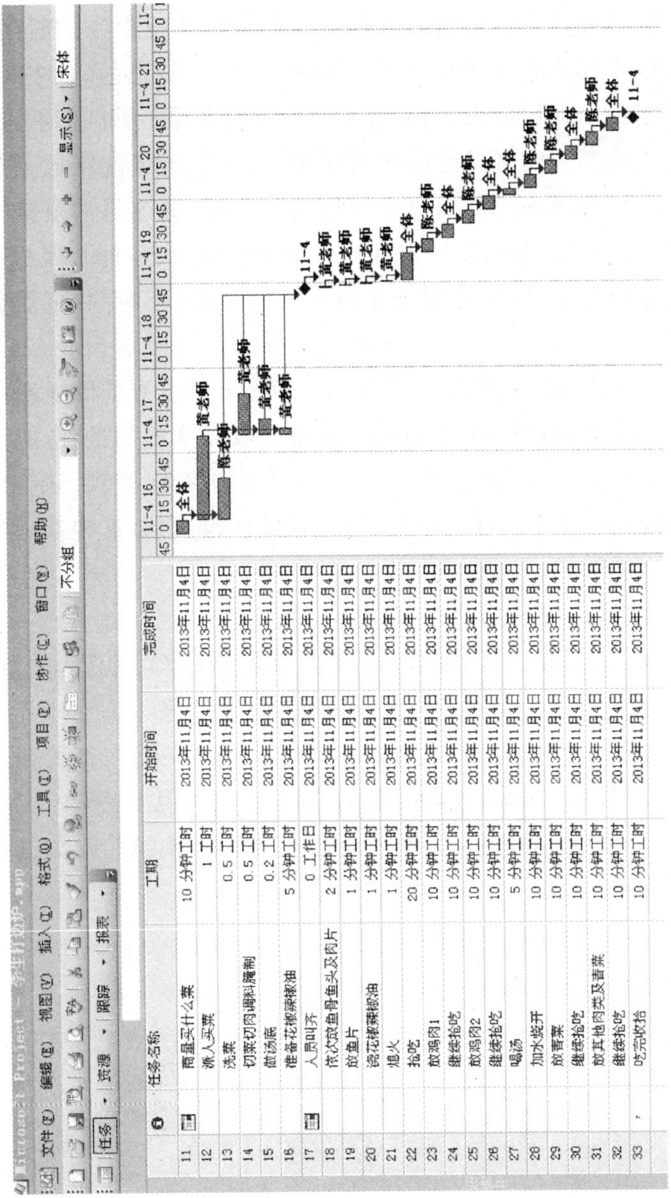

	任务名称	工期	开始时间	完成时间
11	商量买什么菜	10 分钟工时	2013年11月4日	2013年11月4日
12	派人买菜	1 工时	2013年11月4日	2013年11月4日
13	洗菜	0.5 工时	2013年11月4日	2013年11月4日
14	切菜切肉调料腌制	0.5 工时	2013年11月4日	2013年11月4日
15	做汤底	0.2 工时	2013年11月4日	2013年11月4日
16	准备花椒辣椒油	5 分钟工时	2013年11月4日	2013年11月4日
17	人员叫齐	0 工作日	2013年11月4日	2013年11月4日
18	依次放鱼骨鱼头及肉片	2 分钟工时	2013年11月4日	2013年11月4日
19	放鱼片	1 分钟工时	2013年11月4日	2013年11月4日
20	浇花椒辣椒油	1 分钟工时	2013年11月4日	2013年11月4日
21	熄火	1 分钟工时	2013年11月4日	2013年11月4日
22	抢吃	20 分钟工时	2013年11月4日	2013年11月4日
23	放鸡肉1	10 分钟工时	2013年11月4日	2013年11月4日
24	继续抢吃	10 分钟工时	2013年11月4日	2013年11月4日
25	放鸡肉2	10 分钟工时	2013年11月4日	2013年11月4日
26	继续抢吃	10 分钟工时	2013年11月4日	2013年11月4日
27	喝汤	5 分钟工时	2013年11月4日	2013年11月4日
28	加水烧开	10 分钟工时	2013年11月4日	2013年11月4日
29	放青菜	10 分钟工时	2013年11月4日	2013年11月4日
30	继续抢吃	10 分钟工时	2013年11月4日	2013年11月4日
31	放其他肉类及青菜	10 分钟工时	2013年11月4日	2013年11月4日
32	继续抢吃	10 分钟工时	2013年11月4日	2013年11月4日
33	吃完收拾	10 分钟工时	2013年11月4日	2013年11月4日

这样可以看到前面的准备工作出现很多空出来的时间，那就可以将买菜的时间向后移动，也就是说可以推迟点再去买菜，但对于这个项目来说，太迟去买菜会涉及资源不够的问题，买不到想买的菜。而可以考虑按时买菜，回来后先将洗菜切菜等工序完成后放置一段时间再继续后续的工序，但这里涉及食材保鲜的问题，但这种边炉一般在比较凉的秋冬天进行的，保鲜问题一般很容易做到，反而增加了鱼片、肉片的腌制时间，可能更为入味。

从这里可以反映出一个问题，编制计划并不是单纯地用一套软件来做就可以解决，而是要考虑到项目实施的条件，对于现实中的资源控制表现特别突出，过早和过迟都会受到影响，太迟了可能导致资源没了，太早了可能资源还没成熟，这些都是要掌握的度的问题。

编制计划要充分考虑：节奏。

编制计划的时候，更重要的是要考虑到工序间的逻辑关系，以上面“酸菜鱼鸡边炉”来看，为什么要先吃酸菜鱼，为什么不先吃鸡呢？这里是充分考虑到鱼肉的鲜甜及鱼肉容易煮碎，需要在前面先吃，等鱼肉吃完后，放鸡肉要稍煮时间长些，但不会碎。先吃鸡肉、再来做酸菜鱼的话，中间要停吃一段时间，对整个吃的过程不利，会影响气氛。

等人齐才做里程碑工序：放鱼片和淋油

成果出来了，准备“抢吃”

做项目是相同道理的，要根据具体项目的内在联系来安排工序的逻辑关系，有些是必然的关系，有些是自由的关系，对于必然关系的工序关系，不能随便打破，就象我们每天早上起床，是“刷牙洗脸”，还是“洗脸刷牙”，作者在课堂上做过调查，所有的学生都同意“刷牙洗脸”而不赞成“洗脸刷牙”。事无绝对，对于某种特殊情况下就完全不同，作者曾看一病人，需要人帮助打水过来床边刷牙洗脸，扶病人坐床边，病人可以自理这两道工序，这两道工序就得完全要倒过来，先洗脸后刷牙，因为洗脸过后，刷牙的泡沫可吐在盆里，最后再用纸币擦下嘴巴就可以。

编制计划一定要尊重：工艺要求工序的必然关系。

基于项目都是在约束条件下进行的，要把握时机合理安排，尽可能平行作业，才可以节约时间、资源，但可控资源是动态的，掌握时机非常重要。

上面的例子，将各资源的费率都设置好后，可以生成一个成本控制计划，这将比预算更为准确。

计划的编制过程应该经过反复的调整，审核批准才交予实施，科学精确的计划是项目成功的保证，必须慎重编制，计划应该由项目经理来拟稿、项目团队成员参与修订。

项目计划是一个滚动计划，除了策划书中的项目计划是原始计划之外，每个时间段都有调整计划的需要，一般建议是每个星期或每个月修订一次，太过频繁修订计划的结果是没计划可实施，太长时间修订，又可能变得计划太过死板，计划跟不上形势变化。

计划变更后，应该及时通知到相关人员。

3.2 指挥渠道及沟通管理

计划编制并经审批实施，并不是所有人都会自觉去做，即使自觉去按计划实施，也会存在计划与实际出现偏差，现代社会已经不太可能象三国那时一样，可以提前好多天事先预测准确，关键时刻拿出“锦囊”打开依计行事，现在信息社会，时机稍纵即逝，需要建立一个指挥和协调机制，以确保计划和谐实施。

在企业，一般会建立一个指挥机制，即生产调度机制，不管是作为攻坚科研项目还是开拓新市场的项目，这些创业项目的特点都表现为时间上集中、人员上集中、资源使用上集中等特点，企业开展这种项目，都需要用生产调度会的形式来实现指挥和协调这两大管理的功能。

3.2.1 公司生产调度会及调度室

公司生产调度会宜每周一上午开，收集各项目的周报，将反映上来的问题进行研究，掌握全局一盘棋，综合平衡，进行决策，形成会议纪要。

生产调度会不宜太过频繁开，每周一次即可，主要议程是检查上周工作计划完成情况，针对存在问题研究下周计划，公司的角度是如何支持各项目开展工作，做好后勤保障，指导各项目开展工作。坚持每周一次的生产调度会，也可以让公司形成一种正式沟通的习惯。生产调度会一般由办公室组织召开，由主管生产的副经理主持，各部门原则上由部门经理参加，有事来不了的，也要派人参加，还要对上周安排工作做出检查后，对会上需要提出的事项、上周工作完成情况汇报等做好交底。

会议记录和会议纪要由办公室负责，会议纪要应该将生产调度会中的决策决定非常明确表达，简单扼要，交予调度室指挥实施，调度室是生产调度会决议的实施机构，代表公司实施调令。

计划实施过程中遇到新情况发生，实施人员应该及时向调度室反馈，调度室工作人员根据实际情况估计，作出应变措施的安排，指挥相关人员配合。故调度室工作人员的素质要求相当高，需要有相应范围比较资深的工作经验才可胜任。

公司所有人员可以休息，调度室是不能休息的，只要有项目在运转，就得值班。一般公司主要负责人，都得经过这个岗位的锻炼，这也是个人创业上升到公司领导职位之前必经之处，未经此岗者，很难担任一家公司主要领导，这里考验的除了经验和知识应用，更重要的是应变能力和对公司决策的执行力。

3.2.2 项目周会和调度

项目根据实际情况，可以当班组一样，每天开个碰头会，每周开个周会，但一定要掌握频度、节奏。

如果是涉及地域比较广，应该分级控制，比如说销售项目，一个新市场的开拓，销售人员的工作场所在他的潜在客户那里，要是天天让他们过来开个早会再过去，一定会让他们感觉疲于奔命，做无谓的影响工作的来回赶，多少会影响工作的开展。

作者自从 2001 年开始做药品销售以来，一直利用电子商务模式来开展工作，从来不让第一线的销售人员回来开会，有事电话及 QQ 等方式落实沟通，一线销售人员需要每天去拜访医生，他们的工作场所在医院，要他们回来的话，肯定要浪费至少半天时间，这是同城才这样，如果不是同城，所花时间更多。故而将工作反过来做，公司充当后勤保障，需要什么资料，都送过去，服务到第一线去。

项目会议最短的周期，就是保持周会即可，周会应该根据实际情况采取合适的方式，作者多年来保持的习惯就是针对特定项目，开个 Q 群，每天晚上 9 点开始开会，有事则长无事则短，与公司对接，周日晚前形成周报上报公司，不用召集一起开周会，就在周报形成前检查下本周情况、存在问题，做下周计划。

项目周报必须在公司开生产调度会之前送达公司，公司生产调度会依据各项目的周报来研究安排公司一周的工作，把握综合平衡。

项目调度(指挥)室,更多的功能是协调,项目是第一线,第一时间遇到问题,只要实际情况与计划有冲突,需要协调各方立刻应变,处理完后再做善后,应变能力的考核非常突出。"将在外,君命有所不受",应变能力的考核也是有前提的,以项目目标为导向,最大利益最小损失为前提来制定应变措施。

3.3 质量管理

质量包括两个方面:一是产品质量,二是工作质量。项目产品需要识别,有有形产品也有无形产品,而工作质量肯定是无形产品。我们追求的目标是通过项目工作质量来确保项目产品质量,达到稳定提供顾客满意的合格产品目标。

按 ISO9000 系列标准开展工程,控制工作质量以保证产品质量,是比较成熟的工作方法。ISO9000 系列标准,在中国为 GB/T19000 系列标准,为国家推荐性标准。

在此,我们不是来专题研究 ISO9000 系列标准,强调的是如何用这标准的思想来确保创业的成功。取得认证的企业,向大家证实企业具备长期稳定提供合格产品的能力。这也表明,创业项目建立并保持运行质量体系,对项目成功非常有帮助,也非常必要。

3.3.1 质量相关几个名词定义

质量:一组固有特性满足要求的程度。这里所说的固有特性是指产品或服务的质量标准,虽有国家标准、行业标准、企业标准,在生产批件中注明采用的标准为依据,一旦采用,产品或服务满足该标准要求的,即是合格。但要注意的是,世界是发展的,对于某些指标,在质量标准上没列明为需要检验的特性时,通常是不会进行检验,而往往这些特性会涉及某些风险,比如三聚氰氨在奶粉中的含量，原来标准是没这项要求的，任何检验机构都不会进行这项特性进行检验，由于发现其存在重大的风险，而对所有品牌奶粉进行全面的专项检验，导致国内奶粉行业全面重新洗牌，这可能其中存在一些人为因素。然而对于专利、秘方或技艺保护等方面，更多的是不可检验的，质量标准将无法提供，即使提供，也会对某些参数的含量或程度进行保密，其对质量合格的判定将存在比较多的不确定因素。

质量管理：包括执行组织确定质量政策、目标与职责的各过程和活动，从而使项目满足其预定的需求，通过适当的政策和程序，采用持续的过程改进活动来实施质量管理体系。关于质量体系的描述，尚需仔细研究 ISO9000 标准的同时，结合实际的项目环境及流程来编制质量文件，通过实施质量文件来实现质量体系的运作。项目特别是创业项目都具有一次性及创新性特点，建立并运行质量体系显得比正常工作过程更为重要，这要在项目策划的阶段中予以重视。

质量策划：制定质量目标并规定必要的运行过程和相关资源以实现质量目标。策划的结果都是质量体系文件的范畴，包括项目实施计划（进度计划、成本控制计划、资源计划等），向外承揽的委托项目，合同文件及招投标文件是确定项目目标的基本依据，是质量体系文件的重要组成部分，各道工序的工作标准、技术标准、操作规程等。

质量控制：致力于产品形成过程并使最终产品满足质量要求。产品或报务的形成过程的每个环节、每道工序都需要在受控的状态下进行，控制的依据就是质量文件，检查的结果用以调整与改进。

质量保证：致力于提供质量要求会得到满足的信任。

质量改进：致力于增强满足质量要求的能力。

3.3.2 创业管理如何运用 ISO9000 系列标准

可以用两个指标来考核客服人员的打字工作质量——速度和出错率，这就是工作质量考核。还需要更多指标——反应速度、转化率及客单价，来考核客服人员的服务质量，将工作质量的考核进行量化考核，并与收入挂钩。

这种做法已被运用得相当的普遍，而且每家企业都有适合自己的指标体系，意味着 ISO9000 系列标准质量管理的思想已经得到普遍的重视和运用，这不仅促进新员工在职创业提高技能以期生存，还伴随着每个员工不断进步，不断提升工作能力。

创业项目，在做调查分析及策划期间，需要形成一系列质量文件，这些文件需要根据项目特点来收集和编制。以一个产品的新区域代理开创新市场销售为例，所需要收集及编制的文件包括：生产厂家的营业执照、生产资质证、产品的生产批件和质量标准、质量检验报告、产品说明书、授权书或代理合同、潜在客户资料、拓展计划、后勤保障措施。

即将开业的网店运营实训室，基本运作模式是承接企业委托项目，组织学生来运作，以网络营销为主来开展，涉及的工作基本上是开拓相应产品的新市场，对于每个项目来说，需要收集和编制的文件，跟上述内容差不多，而网销的潜在顾客方面不仅限于投放的平台，一般会先选择淘宝网上开个店，做个项目策划书，重点对各项目工作用 Project 做个计划，分工开展工作，同时对每道工序每个岗位进行规范，量化考核指标。

客服是生意的临门一脚，工作质量非常重要，但一般企业运用人才的时候，往往新人先上客服岗位，这虽然是一种锻炼，但也是一种风险，企业需要在这里解决这个问题：新人是在帮公司赚钱还是在赶客？赚钱皆大欢喜，赶客呢？承受能力行吗？客服人员可以用几个指标——打字速度和出错率、反应速度、转化率和客单价来考核。客服主管个人的指标都需要优于一般客服人员，对这岗位的考核还要包括对客服团队的考核。

推广是拉客来店，是项目主要花钱的方面，如何用尽量少的钱请最多精准客户来访，是他们的首要任务。不管如何，资金是不可能无限随意使用的，推广人员也可以制定几个指标来考核——点击量和点击率、转化率、点击成本等。对于推广人员来说，更需要考核客户精准度，而这个指标要通过量子恒道或数据魔方提供的数据来分析，并不是通过一个指标可以直观看到，故每天要积累数据，以便对比分析。推广决策可以由项目集体讨论决定的方式进行，这将是对店长考核的一个方面。

当然，对店长的考核，除了包含上述所有指标以外，还需要一个重要的指标——业绩，按目前运作方式，按业绩计提成交由店长再分配将是通用的做法，这些提成的前提就是工作质量合格的前提下，按业绩来计算提成，而店长给每位成员的分配也需要依据对工作质量的考核结果。

项目获利体现的是团队集体努力的结果，与线下实体销售有所不同，并不是每个成员都可以直接出业绩，这就需要对每个成员进行工作质量考核，来计发提成。《工作质量考核与分配办法》将是每个项目的重要质量文件。

随着项目经验积累，新上的项目，一般会一开始就实施一些规范的措施，而且会根据不同产品设计出阶段性的推广计划，比如服装这类，是网销的最大类，这并不意味着大类对于特定的产品就可以做得很好，一个很明显的特点就是季节性强，推广上需要注意阶段性特点，推广工作质量非常大地影响业绩这个目标，零售上季节性明显表现出来，批发方面更为明显，夏装在 4 月底前就得出完货，否则就会成为库存货。

以上这些措施，重在过程控制，再好的计划，没让各道工序都处于受控状态的话，计划便会变成一纸空文，所有质量文件也将流于形式，这就是ISO9000系列标准的灵魂。由于该标准是适合任何行业，照顾全面，内容比较多，应用时都是根据具体项目裁剪着来用，好多人觉得对工作没有帮助，反而增加好多工作量，这种片面思想是不应该带到创业项目中来的。大家知道，好多老板经常说："搞定它，我只管结果"，这是一种典型的粗放性管理，做创业项目成功率就比较低。作者在课堂上经常告诉学生，只要你听到这句话，你应该可以判断这家企业在生命周期中的哪个阶段。

作者经常与多家企业管理者沟通，不用多说就可以将项目拿下来，而学生出去承揽项目，好多次都需要以老师出面来加强信心，这表明什么呢？这其中有一个最根本的原因：质量保证。以作者的工作经历和经验，再谈开目前所掌控的资源，企业管理者相信，将项目交给网店运营实训室组织学生来进行创业运作，成功机率将提高，费用也将会比较低，也就是：风险较低，给他们提供了一个很强的质量保证信号，那同样的，以承揽项目这个角度，让学生去做推广、拉项目，效果将会是如何呢？可以判断质量保证力度应该不够的，故而从承揽外包项目角度切入创业项目运作的同学，作者采取"以老带新"的方式，不断带出新人。

ISO9000系列标准的应用，将是提高创业项目成功率的保证，应该领会标准的精神结合贯穿到各项工作中，提倡移植、消化吸收，不能生搬硬套。不应该等到项目不成功的时候，后悔当初没去花点时间学习。

3.4 成本控制

创业项目可以采取措施提高成功率，但创业项目都是前所未有的项目，不确定因素会相对比较多，成本控制方面，一般会被认为比较重要，从博弈论的角度来说，不成功的话就诉求减少损失。

3.4.1 创业成本控制思路

最经济的交易就是不买，创业项目最经济最小损失的做法就是不参与创业项目，创业有风险，投资需谨慎。几乎所有创业项目，在成功前，多数人认为是不可能成功的，在经济承受能力有限的时候，最好不要投入创业。

可以通过周密策划降低风险，提高成功率，一旦做出决定投资创业，就得做好成本控制，以期最小投资最大效益，创业项目的成本控制，意义还更深远，关系到项目后续正常运作后产品的成本及构成，可从以下几个方面来考虑如何开展成本控制：

事前控制，事后分析。要运用管理会计的思路和做法，做盈亏分析，用 Project 编制计划时，生成成本计划。这个成本计划是基于项目实施计划和动态资源估计来编制的，比概算和预算要准确，但也因为项目进度计划是滚动计划，项目成本计划也需要相应进行滚动。然而，项目变更是经常发生的，项目计划从原始计划到项目后期的计划可能会变化很大，依据原始计划所做的预算适当增加一些灵活性是必要的。成本控制重在发生前的事前控制，活动伴随费用发生，项目工序、工序逻辑、资源及安排的合理性是项目经理必须做的工作，而这项工作很考验项目经理，对工艺流程多方案择优。每道工序完成后，需要进行分析，采取改进措施，会计报表可以提供一些参考数据。

活动伴随费用发生，对后续工作没有潜在效益的，不宜进行。并不是所有活动都有直接收益，预见有潜在效益，比如可节省其他工序，或对其他工序产生更好效果的情况下，损失下眼前利益，以期收获更多的远期利益，这类活动可以开展，否则结果可能是发生无谓的损失。一旦预见有可观的远期潜在效益，需要付出的费用必须到位，让顾客得到满足，否则会有反作用。当然，远期潜在效益的估计，需要经验和逻辑推理，受个人因素影响比较大，而且还要计算过是值得的。

项目开展方案直达成本，不同方案将会有根本不同的成本计划，工期、效率、资源、人员素质、质量控制这几个方面是构成成本的最主要因素，如何做到实时最佳配置，是成本控制追求的目标。资源是动态的，有适时利用的决策，不同的人去做相同的工作，结果会是完全不同的，无限的工期，固定成本将大幅度提高成本，提高效率可以改进关键线路上的各工序工期。

改进项目实施技术和工艺，完全有机会降低成本，掌握技术和工艺的是人或设备，对于创业项目，能有项目需要掌握特别技术或技艺的成员加盟，将对项目更有保证，更有机会提高效率降低成本，某种情况下，可能还是项目成功与否的关键因素。有机会大家去看《桥》这部影片，慢慢体会为什么炸桥分队一定要去说服建桥专家炸掉自己设计建造的"完美"、"毕生杰作"的桥，他们的项目目标是如何实现的。

计划变更，一般会伴随费用的变化，需要取得委托方的确认，创业项目的计划变更是正常的，每次做计划变更前需要进行评审，得出变更导致后续成本变化的结果，依据结果才做决策，取得委托方确认后，还得及时通知相关人员，以免发生不必要的应变费用。

分包，非核心能力的部分，宜分包出去，让更专业的人员来完成，目标是更有效率更有保证完成项目某些部分，而不影响创业项目主体进度。分包将在资源管理模块进一步探讨分析。

工序逻辑关系方面大有文章可做，而且比较考验实施的人员，增加投入资源，要考虑是否有工序可以提前开始，并尽可能平行作业，这个可以节约工期，减少固定费用支出；减少资源投入，可以节省资源费用，但要考虑是否会影响里程碑工序甚至整个项目的预计完工时间。这些考虑都要经过计算，选择合适的方案。

罗列构成成本的各费用项目,从中找出影响项目的关键因素,按相关程度进行排序,针对影响程度大的费用项目予以重点保证,影响度相对比较小的因素让位于重点费用项目,这就是用关键因素法来控制成本。我们在开展水晶女神天猫旗舰店推广的时候,就这么考虑,有一个项目是装修模板的费用,每月 30 元,数额虽小,但直接影响店铺运作及装修效果,一定要买。

按费用数额大小、所占成本比例两个参数来罗列各可控成本项目,开展 ABC 管理法,针对 A 类(20%数量,占成本 80%)予以重点进行控制,B 类予以一般措施控制,C 类适当照顾。水晶女神项目,直通车是必须天天开的,这个占整个推广费用达到 80%以上,我们安排了一个岗位为直通车专员,专门负责直通车推广,每天观察量子数据,根据数据调整投放产品、关键词、投放时间、投放地区、出价、个性加价等几个方面。做工程施工,折旧是不可控制的,可控费用大头在燃油,我们将成本控制措施重点放在燃油的控制,采取了一些措施,包括轻油换重油、使用燃油添加剂、改装发动机等。甚至于还研究操作人员的作业动作,提高动作效率,这个在做抓斗船施工中表现特别明显。

成本控制着眼于细处,直达每个人的身边,只要每个人都有比较强的意识,总可以节省出可观的一个数额,我们可以观察下自己的物品,按使用率来排个序,不难发现每个人都有几个买过来而一直没用或用得很少的物品,这就是浪费,是成本控制的对象。可能大家现在都有好几部没用的手机,卖二手不值钱,扔掉又可惜,干脆当收藏好了,再过一段时间又发现,还得找个地方来存放。

3.4.2 项目成本控制流程

编制项目成本预算经过批准后,将是项目成本控制的依据。这个预算并不是依据定额编制用于对外投标的计划,而是根据内部费率编制的用来控制成本的计划。

用 Project 软件编制项目计划时,可以同时生成成本计划,这个成本计划并不包括摊入费用等不可控费用项目。但用于项目成本控制,已经足够。开展项目的时候,往往会发生上级调拨一批无用的设备进来存放,消化物流费用,计划配置的资源调出给别处使用但费用计入本项目等情况,这很正常。

成本控制方法,从进度上可以用挣值法来实现,从功能上可以用价值工程法,这两种方法都有很多书本介绍,这里就不详细介绍。

我们需要运用前一节所述的成本控制思路,对项目成本项目进行全面的分析,确定一个可控成本计划,这跟价值工程法实施成本控制非常类似。而制定一个成本控制计划之后,从进度上,完全可以用 Project 的进度表进行跟踪控制。

进度检查可以用累积曲线来形象表达,甘特图进度检查则表达另一个角度的意思,可以看出具体工序的完成情况。

3.5 项目风险控制

项目风险控制,首先是要识别风险,进而制定风险控制措施及应变措施。

3.5.1 项目风险识别

风险识别,宜从人才、资金、原材料、技术、设备设施、环境几个方面分别进行分析,找出与项目目标相关的各因素,可以用鱼刺图的方面来找出关联因素,再用排列图的方法分析影响因素的权重。

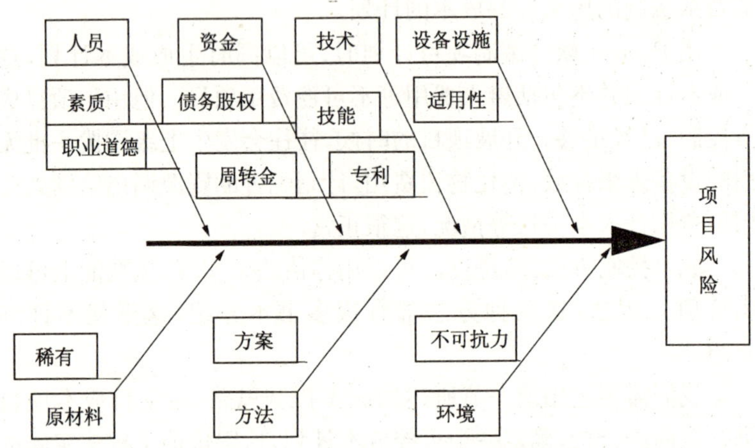

本图仅是示意图，具体项目具体分析，列出关联的因素，针对各因素统计或用专家法估计可能影响的程度，用排列图的方式将主要因素按权重大小进行排列。排列图如下：

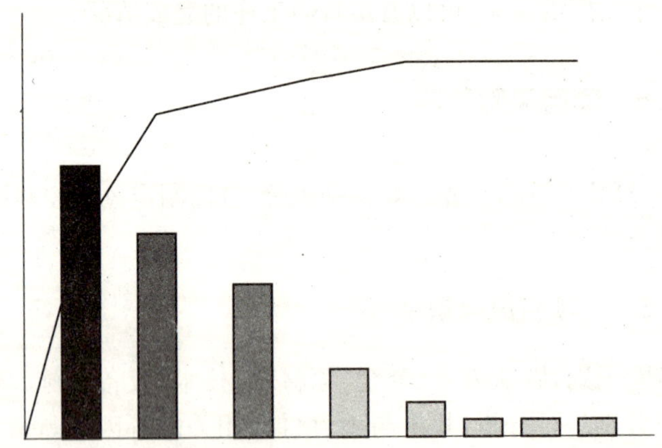

排列图，根据累积曲线来看，少数权重大的因素是重点控制对象，需要制定重大风险控制措施，对于其他因素，则制定通用的安全控制方案来实施。

3.5.2　风险评估

风险评估按三个指标进行分析和衡量：

(1) 损失概率。损失概率是指风险损失在一定时间内实际发生损失或预期发生损失的数量与所有可能发生损失的数量比值。如安全指标：千人重伤率，这个指标在一些风险比较大的行业是经常用的，每个企业指标不同。

(2) 损失程度。损失程度指发生一次风险事故所造成的损失的绝对额。

(3) 损失变异性。指损失的波动程度。

风险按损失严重程度分为：

(1) 严重类风险，这类风险发生可能导致项目目标无法实现。比如政策变化、战争等导致产业转移，项目失去继续下去的意义。

(2) 适中类风险，这类风险发生可能推迟项目目标的实现。比如台风、地震等自然灾害损失，需要重建后才可以使项目继续。

(3) 轻微类风险，不影响项目目标的实现。

3.5.3　风险控制的办法

一、控制型风险管理

1. 避免。项目主动采取措施放弃原先承担的风险或者完全拒绝承担风险的行为。进口产品国内经销，可以拒绝走私行为，以避免打击走私带来的损失。避免适用的情形：发生频率高且损失程度比较大的特大风险；损失频率虽不大，但损失后果严重，并且无法得到补偿的风险；采用其他办法成本较高，且超过避免风险成本的情形。

2. 预防。指在风险事故发生前，为了消除或减少可能引起损失的各种因素而采取的处理风险的具体措施。我们提倡："安全第一，预防为主"。

3. 抑制。指损失发生时或之后，为减少损失幅度而采取的各项措施。如对办公场所及仓库等安装防火设备。

4. 分散。分散风险管理单位，将风险单位划分为若干数量少、体积小而且价值低的独立单位，分散在不同的时间空间，以减少风险事故的损失程度。

二、财务型风险管理

1. 风险自留。通常在风险承受能力所致损失频率和程度低、损失在短期内可以预测以及最大损失不影响项目财务稳定可以采用这方法。通过采取合理的安全措施来实施保证，当然应急方案是需要的，而对于某些自然因素的不可抗力因素，如台风，不管能否投保，都得制定防台措施。

2. 转移风险。为避免承担损失后果，有意识地将损失或与损失有关的财务后果转嫁给另一个单位或个人承担。投保是一种转移风险的方法，投保本身不是本质上的转移风险，只是万一风险发生造成损失，可以获得经济补偿，对恢复生产提供一种保障。转移风险措施还包括分包，将高风险的工序分包给更专业的队伍去实施来提高保障系数。

非保险转移，通过合同的形式，将损失或损失有关的财务后果转移给另一个人或单位去承担，如销售、建筑、运输合同中的免责规定和赔偿条款。

4 项目资源管理

项目资源包括人员、资金、材料、设备和设施、技术和方法。资源很多情况下制约项目开展，而且还是动态的，有的还是不可控的。

项目资源指项目实施过程中所消耗的劳动力、机械、材料等生产要素，还包括项目资金及计算机软件、信息数据、发明专利等无形资源。

资源可以置换，置换产生代价或效益，上述资源可分为四类：人力资源、产品资源、资金资源、市场控制力资源，而人力资源又分布于其他三类资源中，起纽带作用，也是推动资源整合的原动力。

本章重点掌握的知识：

1. 了解人力资源、资金资源等各种资源的特点；
2. 掌握短缺资源的管理方法；
3. 了解资源互换的原理，学会招商工作。

【引例一】

技术创新推进宝钢做“高”做“强”

宝钢是国家确定的首批全国技术创新试点企业之一。年产1 100万吨钢，产品销往五大洲25个国家和地区，连续5年获国内企业自营出口冠军，2004年、2005年连续被美国《财富》杂志评选为世界500强企业。投产以来,宝钢坚持走"引进—消化—开发—创新"之路,加速科技成果向现实生产力的转化,不断提高技术创新能力和市场竞争力。从投产到1999年上半年,公司先后开展科研项目2 313项,取得科研成果893项,成果转化率为94%,科研成果应用实现年净增效益14.97亿元;开发新产品196个牌号,转产124个牌号,主要产品的实物质量达到国际先进水平;公司获省(市)、部级以上科技进步奖135项,其中"宝钢生产系统的优化技术"获国家科技进步特等奖。

宝钢在实施技术创新工程中深刻认识到,企业是技术创新的主体,宝钢要加速开发创新有企业自主知识产权的新技术、新工艺、新产品。这种坚持以企业为主体开展技术创新的理念,目前在宝钢的领导层、管理层和操作层,已初步形成了一种群体意识。1997年8月,宝钢被国家经贸委确定为首批6家"全国技术创新试点企业"之一,这对宝钢技术创新工作既是压力又是动力。几年来,他们在技术创新的决策和咨询体系建设、技术中心的软硬件建设以及研究开发队伍建设等方面,积极工作并取得初步成效。如:建立科学的领导决策和专家咨询体系;确立技术中心在技术创新体系中的核心地位;努力营造技术中心"小特区"环境。

技术创新运行机制的建立和有效运作,是开展技术创新的核心。企业的创新活动要求有不同的运作机制去配合,形成由生产环节向研究开发、产品销售两头延伸的创新组织。宝钢近几年按照技术创新的要求和管理组织"扁平化"原则,加强公司部门与部门、内部与外部的协调和合作,加快形成统一面向市场、面向现场、面向社会进行技术开发的、能够快速反应的有效运行机制。

"产—销—研"一体化,是把从市场中获取的信息,快速转化为新产品开发、生产销售并能满足用户需求的一种技术创新模式。近几年来,宝钢坚持围绕市场需求热点,在汽车板、耐候钢、家电用钢等一批重点产品上，集中技术力量，调动人力财力，加大产品研究、开发和替代进口的力度，呈现持久的创新活力。

为推动国家“九五”轿车用钢技术开发项目的启动，1996 年以来，他们把 21 个牌号的汽车用钢作为重点开发项目之一，选择了最具代表性的 5 个车型，作为推进车板国产化的技术开发产品。上海大众桑塔纳轿车是宝钢最早供货的车型，经宝钢科技人员坚持不懈的攻关，目前供该车的 10 块外覆钢板已通过质量认证，其中 7 块板宝钢已大批量供应。

为满足近几年快速发展的家电用钢需求，宝钢瞄准质量要求高的国产品牌家电，集中厂内力量大力开展技术攻关，积极沟通供货渠道替代进口。目前，江苏春兰、广东格力、四川长虹、青岛海尔等生产家电的著名厂家，已成批量使用宝钢钢材制作彩电、冰箱、空调等。

镀锡板是宝钢三期 1 420 冷轧机组的重点产品，年设计生产能力 40 万吨，其中包括 1 万吨超深冲食品罐软包装用材（DI 材）。宝钢瞄准轧制难度甚至高于轿车外覆板的两片式钢制易拉罐材，组织试制并获得成功。目前，青岛啤酒厂已使用宝钢 DI 材生产的易拉罐，结束了我国镀锡板只能生产饼干盒、油漆罐等低档次产品的历史。

宝钢在产品创新中注重向国家重点行业和支柱产业倾斜，并努力将产品打入最发达国家，以扬国威。宝钢自主开发的大型水电机组用高强度、高精度冷轧磁极钢板，实物质量已达到国际先进水平。目前在天生桥 2 号、4 号 600 兆千瓦机组使用，获得了用户的好评。该产品能满足三峡电站 700 兆千瓦发电机钢材标准，可以向长江三峡电站、黄河小浪底以及龙滩电站等国家重点项目推广。

在充分依靠厂内自身科研力量进行技术创新的同时，积极借助国内一批实力雄厚的高等院校和科研院所的力量，联系宝钢生产实际进行科研合作及开发。宝钢面向全国设立了1 500万元的“宝钢重大科技进步成果奖励基金奖”等。这一系列举措，在全国产生重大影响，到目前为止，宝钢已累计与全国有关高校、院所签订科研合作协议1 081项，涉及416个单位，合同金额达2.14亿元。在历年的”宝钢重大科技进步奖”颁奖中，已有56个协作单位、80个项目获得此奖。

宝钢通过技术创新有了今天的成就，而要在世界钢铁之林中获得长足发展，就必须寻求新的经济增长方式，通过技术创新开发出高质量、富有宝钢特色和拥有自主知识产权的产品及技术，改变产业结构，取得市场竞争的优势，成为能与国外大公司相抗衡的一流企业。

科学技术是第一生产力，技术创新，为企业发展的原动力，对于大型企业来说，有实力可以投入进行研发，中小企业就不一定能做到，但我们经常看到，好多企业的创建，是基于一项专利技术，基于某项发明。这样形成的市场需求的带有专有性质的企业；将是企业长久立足于市场的根本。

【引例二】

宝洁公司的品牌创新

宝洁公司有300多个品牌畅销于世界140个国家和地区。走的是“从产品推出品牌，再由品牌推出新产品”的路子。它的经验是：

1. 奉行消费者至上

宝洁公司在各地建立机构，了解本土市场，了解当地语言和文化，了解消费者需求、态度、使用习惯。比如，他们通过深层次的了解，对26～34岁的消费者对皮肤的认识，日本是“像煮熟的鸡蛋”一样半透明的光洁肌肤；香港是“水晶般光洁”；台湾是“红润光洁”。同样的品牌、同样的产品，根本不同的感受会形成消费者心目中的品牌所代表的不同形象。

2. 创造特色，创造差异

宝洁认为特色与差异是卓越产品应有的个性特点。如“海飞丝”去头皮屑的特有个性特征，赢得了消费者的喜爱，赢得了市场。而“沙宣”、“飘柔”、“潘婷”又是另外的特点，可让消费者各取所需。不同名称、符号、颜色将品牌的内在特征告诉消费者，以其独特魅力吸引消费者。

赢得市场后，宝洁又一次次改进推出新产品，宣布这是“新的和改进的产品”，让消费者更加钟情于此产品。

3. 营销策略不断创新

(1) 侧翼产品策略：一个品牌有多种规格和形式，以满足消费者不同偏好，使其占有更多货架空间，以防止竞争者进入。

(2) 多品种策略：用一种产品推出几种品牌，如洗涤去污剂就生产了10种品牌，满足消费者不同需要。

(3) 品牌扩展策略：产品创出名牌后，利用它的品牌名称再推出其他产品。如“象牙牌”产品，已从肥皂扩展到液体肥皂和清洁剂。这样可以减少广告支出，又能迅速得到消费者认可，获得好的市场信誉。

(4) 品牌管理系统：品牌多，管理者也多，宝洁系统中由一个经理管理一个品牌。这样分而治之，责任落实、行动敏捷，便于占领市场。20世纪80年代后期，宝洁36个月内在全球成功地推广了飘柔品牌；90年代早期，24个月在全球成功地推广了潘婷品牌。

(5) 强大而有效的促销：宝洁年广告支出6.72亿美元。为了创造强有力的知名度，为了满足消费者的偏好，从不限制广告费用支出。宝洁拥有一支一流的销售队伍，能很好地与零售商合作，并负责向品牌经理提出建议，研究如何进行最有效的促销。

(6) 创新战略：宝洁的获胜准则是不断向最好推进，为了消费者的利益，不断研究开发新产品、新技术、新服务。

(7) 有序经营：宝洁的口号是创新永久性品牌。它对品牌的有序经营，不仅表现在价值策略的运用上，还表现在沟通、促销及广告代理商的选择上等等。它不依靠价值优势，相反，它的洗衣粉、洗发精、香皂价格都不便宜，同样成为市场领导品牌。

产品线的规划，对于一家公司来说，非常重要，由产品系列到品牌系列的打造，并非一日之功，需要长期维护，对于日化产品来说，市场进入门槛低，产品容易模仿，品牌经营系列化，有利于针对不同的竞争对手，作者多次强调赞赏宝洁公司的海飞丝品牌洗发水，其独特的香味，到目前为止，还没发现有近似的另一个品牌。

4.1 项目资源管理计划

4.1.1 计划编制

项目资源管理计划：分析和识别项目资源需求，确定项目所需投入的资源种类、数量、时间的基础上，制定科学、合理、可行的项目资源计划。

项目资源管理计划编制步骤：

确定资源的种类、质量、数量，首先要根据项目特点分析和识别项目资源需求，根据需求来确定。关于资源的质量问题，应该就不同的资源来分析衡量的参数，对于特定的产品、材料有质量标准，可以很直观了解，包括有形产品和无形产品，大多数有质量标准。

有的资源是不容易理解其质量问题的，比如资金资源，如何来衡量其质量呢？作者在课堂上举了个例子：给你 10 万创业，投资开个服装零售店，但有一个问题，这笔钱是定期存款一年后到期可取的数额，这就说明这笔钱质量上有问题，因为现在要用，确用不了，如何解决呢？大家来想个比较好的办法。

调查咨询市场上资源供应的情况。多数资源是通过市场采购过来的，市场供应有其特点，市场也在变化中，应该掌握其特点，以上面的例子来说，服装是一个大类，但有个特点就是容易过时，搞不好就会出现库存积压，造成损失，而去采购的时候，产地、批发市场选择性很大，甚至于可以从网络上批发过来，有的是订做的，需要有个生产和供应周期。这里需要调查的，要考虑质量档次与价格水平的一个平衡，店铺定位风格。

根据进度确定资源使用的时间和地点，项目进度计划可以非常明确地反映出各种资源需求的进退场时间，资源的投入，我们追求的目标是恰当的时间投入，也要在合适的时间退出，太早和太迟投入都会对进度产生影响，该退出而没退出，会增加不必要的成本。资源使用地点，是由项目区域分布特点决定的，特别是跨度比较大的项目，比如作为一个省级代理商拓展市场，涉及全省多个城市的开发，而需要的资源就在全省范围内，对于多地区争资源的情况，必须进行资源调剂使用。

根据相关要求确定资源的运输、使用、存放、处理，对于不同的资源，物流要求是不同的，这些需要制定有针对性的措施，易碎物品与石头，都会有不同要求，石头可以露天摆放就行，易碎品除了要做好防护措施之外，可能还要连带防潮，因为易碎品好多是用瓦楞纸箱来做包装的。还得比较注意一些易燃易爆物品的安全措施，某些项目涉及这些的话，要特别小心谨慎，做足功夫。

确定各个资源的管理计划，根据前面的工作和考虑，可以确定下来一个资源计划，而这个计划，还需要有人来进行检查、协调，这里需要落实分工下去。

制定资源计划的办法，仍然是用 Project 软件，在编制进度计划的时候指定各工序资源，即可输出资源计划。

4.1.2 项目资源管理的优化方法

资源的优化，实际上是解决资源的均衡使用，在编制计划的时候需要考虑的问题，而我们用 Project 软件来进行资源安排的时候，软件本身会根据资源的约束情况自动调整，但好多情况下，资源的实际可用时间和使用地点是受限制的，编制计划时的自动调整不一定能满足资源的可用性，这时就得进行人工调整。

一、资源均衡：解决工期约束条件下的资源均衡问题

在非关键线路上，还是比较容易实现，由于有前后的自由时间可以调整，而关键线路上的均衡是比较难实现的，只能改变工艺和实施方案，通过其他方式来实现均衡。工期不变的条件下，调整工程进度计划，使资源尽量均衡。

资源需求量的平方和 E 值越大，需求波动越大，对于制定多方案选择的时候，要计划这个 E 值，在 E 值小的方案中来选择，需求波动大小与资源提供的匹配，会直接影响进度或成本。

资源均衡的方法：

1. 根据项目工作量计划各资源总需求量，根据总工期计算单位时间资源需求量。

2. 每道工序按最早开始时间，绘制网络图，计算单位时间资源数量。

3. 对于非关键线路图上进行调整。

二、资源分配：资源约束下工期最短

这个考虑我们追求最短工期，尽早完成项目，而资源的提供是有约束时间和地点的，这时需要对相关资源的使用上，调整进度计划。

资源分配的方法：

1. 资源替代。这种做法，在紧缺资源的控制使用时经常要用到这种做法，我们可以留意下经常会遇到的提法：国产化零件问题，对于进口汽车的生产，国产化水平程度也代表着国内生产水平问题，手机等产品的生产也同样存在这个问题，所有零件都靠进口的话，就不是使用替代产品，成本一定会比较高的，为了降低成本，通常的做法就是提高国产化水平，当然替代品在某些关键参数上是要达到相同的质量标准要求的。

2. 活动分解。对活动进行进一步细化分解，有时在同一资源使用照顾多道工序上可以得到均衡，其他资源的使用得以平行开展，我们可以这样假设：两户农家插秧，只有一头牛耕地平整，是一户一天呢还是两户同时进行，这里可以通过细化分块耕作来实现平行作业，我们来看下他们的田地构成，先做这个假设：每家有四块地要插秧，甲为 ABCD、乙为 abcd，耕地可以这样来安排：A－a－B－b－C－c－D－d。用这种方式还需要考虑到中间转换的路途时间和成本问题，如果靠得很近的两项目，可以几乎不用考虑，如果路途比较远的就不太合适这样的安排，只能先甲后乙，或先乙后甲。

3. 调整网络计划关系。网络计划的关系包括：工序间的逻辑关系，在 FS/SS/FF/SF 选择紧前工序关系的调整，还包括打破紧前工序关系，与其他工序重建关系。以这样两种方式来尽量满足资源的约束条件的前提下，实现缩短工期，同时要考虑关键资源或短缺资源应该在可用时间地点内尽量满负荷运行。

4. 平行法。平行法的代价是要在同个时间投入其他资源，这就需要在项目资源种类方面考虑，多种资源总体上平衡，每个资源都存在需要尽量满负荷运作，充分发挥作用，有的资源可能会这么安排，进来一段时间，先退场，过段时间再进场，这很可能是公司层次对其他项目需求的考虑而定，这种情况就得先调整所有跟这资源相关的工序，集中在一起排序进行，以利于尽量多的后续工序可以平行开展。

5. 序列法。对于同一资源的使用，可能会受到进退场时间的限制，这种情况下要针对关键资源，调整工序，让关键资源集中完成尽量多的工序，比如外请一个专家来做技术指导，这专家只能来一次，那要分析专家可以帮我们解决的尽量多的问题，那相关的工序有可能分布需要多次来回，有没可能将相关的工序都调集一起，让专家这个关键资源按顺序去开展工作，就是我们要考虑的问题。

4.2 主要几种资源的特点

4.2.1 人力资源

这里所指人力资源管理，仅与项目有关的相关人员，并非全面的人力资源管理，项目对于锻炼人和培养人是个很好的场所，这里只探讨围绕项目目标做人员的配置和调控。

创业项目需要各种相关的人员，技术掌握在人员手中，项目专有技术非常关键，对于科技攻关项目表现特别突出，项目成功与否很大程度上依赖于掌握专有技术的人。如开发多功能手机 APP 应用程序，技术就是掌握在人手中，对于思维活跃的大学生，从这方面切入来开展创业项目，还是比较有条件的。

一个新产品开拓新市场，所需要的是终端控制能力，需要找到有终端能力的人来合作，这终端能力表现为两个方面，一是开发铺货能力，二是上量能力，这些可以用模块控制的方法拆开分工合作，招商放代理的对象明显地细化出来，一般可以做地区总控的人，手头总有已经做得不错的市场，是竞争对手还是朋友尚要深入做工作。

新产品开拓市场,可以用广告拉动的办法来实施,在网络销售方面,一般以广告为手段来拉动,淘宝网的直通车、钻展等,都是广告拉动的行为。也可以用终端操作的形式,淘宝网上的淘客推广就是这种形式,进而演绎出返利网。

直通车按点击计价,广告效果要考虑受众是否为潜在顾客,什么时间地点可以让他们看到,还要考虑广告内容是否吸引他们来点击,更考验的是点击了是否能成交,这是转化率,进而再考虑客单价问题,这个是很专业的工作,需要专业人员来负责,同时直通车数据更新时间在晚上 12 点半,直通车专员要做得好,还得很敬业才行。

钻展,按展现量计价,广告效果同样要考虑这些:是否精准展现到潜在顾客面前,他们是什么时间什么地点打开指定页面,广告内容创意是否能吸引他们点击进来,转化率和客单价都是后话,钻展烧钱方式与做电视等广告一样,只要投放了就给钱,潜在顾客收视率很重要,投放前需要很仔细研究,故对钻展负责人员需要考验的是对市场的了解程度,潜在顾客的掌握程度,虽然可以通过不断地试,积累数据来分析,但资金资源总是有限的,总是很少老板提供不断试的机会。

线上的推广,即使是免费的,也不代表不花费用,软文推广、微博推广等方式,也需要人工及电信流量付出,还是有很多需要考虑,不同的人做同一样事,效果是不一样的,同一个人做不同的事,效果也是不一样的,特定的工序安排合适的人,最优秀的人不一定就是最合适的人。

线下实体市场终端控制能力,广告拉动的话,只考验物流水平,该找当地物流配送方面的公司择优来合作,不需要更多的衡量,而自建终端促销网络方式来实施的话,工作就得深入研究,对所招商的合作伙伴进行多因素衡量很重要,在几种分销方式上,需要仔细挑选合适的合作伙伴。

线下实体控销，终端控制能力是最需要关注的方面，团队运作将起决定性的作用，控销团队规模、运作方式、人员素质需要好好把关，掌握适合项目的人脉关系，总可以将成功率提高，没有适合项目的人脉关系，再多也枉然，人力资源的考虑，就是对建立和运营人脉关系的考核。

以上考虑的是两个方面，一是项目团队人员素质要求，另一方面是合作伙伴的选择，这些都需要考虑建立人脉关系应该注意的事情，自建团队直接控制终端存在投入大、周期长问题，但执行力好，合作伙伴分销可以利用现有基础，切入快，见效快，但后期不可控因素多，执行力越来越差。这些都是决策时需要考虑的因素，故而作者在做营销时，一般采取优先分销合作，这样可以相对灵活运作。分销合作可以整合资源，各取所需，以产品或资金资源换取市场占有率资源，而分销商则以团队市场控制力资源换取产品及资金资源。

4.2.2 资金资源

项目投资资金两个来源：自有资金和融资，自有资金相对比较容易掌控，融资难度很大。投资有风险，创业项目的投资风险还要更大一些，风险管理变得更为重要，项目可行性研究是投资决策的依据，非常需要深入开展工作。

4.2.2.1 自有资金

自有资金来源可以是企业投资，也可以由创业团队集资入股。不管是否融资，项目起动资金应该由自有资金来支撑，需要根据项目进度计划来匡算资金规模和投入到位时间，这个资金可以争取风投公司认股投入，可以共享技术来换取资金，也可以由企业委托创业来投入。总之，方式方法很多，在没筹集到足够规模的起动资金之前，需要更为慎重调整进度计划。

项目属于可以边开展边产生效益的这种情况，筹集到启动资金就基本上足够了，后续资金来源可由项目利润来做扩大再生产的投资。这类项目很多，特别是开拓市场方面的项目，基本上都具备这个特点。

这里考虑资金规模与销售规模要匹配，现在的销售一般都存在资金周转问题，这个问题直接决定资金规模。作为一个两个月回款的操作模式，需要准备两套资金作为周转用，资金规模就是两个月的销售额，而如果能将回款周期缩短到半个月，则可以考虑半个月的销售额来周转，也可以考虑将业务做大一倍，这样合作的各方都皆大欢喜，理论上是行得通的，实际上并不能经常实现，有的生意不是想做大就随时可以做大，有时回款时间也不能完全按计划实现，操作中要灵活掌握。

有些项目并不具备边开展边获利这种条件，那资金规模要考虑全程按计划投入，甚至在项目进入正常运作之后一段时间才有产品投放市场，慢慢回收，这种情况，自有资金规模需要多大，还要看招商融资的进展情况，如果没匹配好资金投入的时机，项目或可能被暂停，甚至无限期暂停。水力发电工程就是这样的，前期投资规模很大，建设周期长，一定要全部建成后，开始发电才有资金回收。公路建设项目也同样，整个建设过程都需要投资，等路通后才可以通过收过路过桥费的形式，在由政府核定收费年限内慢慢收回。

4.2.2.2 融资

创业项目的融资非常难以实现，原因很多，我们可以将项目成功率作为第一个因素来分析，解决这个问题后，融资会变得容易起来，这就是本书第二、三章所要解决的问题，提高成功率，也就降低了融资难度。

我们经常提及大学生创业，也观察到大学生创业的成功率并不高，社会上的风投企业虽然对大学生创业项目比较感兴趣，这里其实作为企业方面的考虑不仅是项目本身，他们也需要人才，也需要跟高校进行产学研的合作。对于风投企业来说是多目标合作，即使项目不成功，能达到其他的目标，他们也同样会投资。

我们需要做的是，先选题做细致的调查分析，做出切实可行的策划书，策划书要解决几个问题：成功率、技术可行、经济上可行。投资回收期计算显然是企业关心的问题，而很多项目因为不确定因素比较多，无法精确对将要投入的资金规模和收益情况进行描述，这是多数策划书普遍存在的问题。

当用自有资金启动项目，形成一定的盈利模式后，需要增加投入扩大再生产，这时争取银行融资才变得可能，而在建立这种机制之前，银行考虑更多的是抵押贷款，并不是项目融资。

民间资本融资进入了我们的视线，近年来发展非常快，资本市场也越来越庞大，民间借贷利率比银行利息高很多，可能达到银行贷款利息的几倍或十多倍，这是要充分考虑的问题，项目盈利能力方面，如果没有充分保证，最好不要做民间资本的融资。而部分项目是可以考虑的，成功例子也挺多，广州天河正佳广场就是一个成功例子，广州有好几个烂尾楼盘是用民间资本重新盘活的。这里需要注意的是，用民间资本盘活烂尾楼，有其内在的因素，一是投资前长期闲置，可低价买入；二是盘活后价格将大涨，这里存在巨大的获利空间；三是投资周期比新建一栋楼要短，同时还有地块是短缺资源，意味着回收快，需要支付的利息周期少，取得黄金地段项目。

大学生创业项目及企业投入的创业项目，项目启动阶段都需要用自有资金，这些资金来源是否也可以通过融资来实现呢？

以大赛促创业项目成熟，这是一个可行的办法，我们积极推进学生创业项目参加电子商务或三创大赛或技能大赛，大赛的过程，有一种机制促使团队成员去努力工作，从初赛到复赛再到决赛，都有专家进行评审，每个级别突围而出的，总有值得肯定的内容，总是大家努力的结果，大赛一般这样，先要求大家做策划书，进而要求实施，上传实施结果，对创业项目预期效果得到专家认可的话，才可以进入下一轮比赛。像电子商务大赛，对于网销项目，还远不止是参赛本身的效果，也是一个广告过程，一个低成本广告过程，在互联网上扩大了项目影响和项目产品的影响，这对后续的推广意义深远。2013 年 11 月 19 日在第六届全国大学生网商大赛（www.newwinner.cn）决赛上，三剑客团队以水晶女神香水项目运作水晶女神化妆品天猫店http://sjns.tmall.com/，取得大赛决赛综合一等奖http://www.newwinner.cn/Content/Article.aspx?id=1461。

这样的项目由大赛促进实施，是一个比较成功的例子，在融资方面也相当到位，广州葵花化妆品有限公司的各方面特别是资金支持起了很大的作用，公司扮演着另一个角色——风投公司，所有资金都由公司负责。我们具体的资金运作是这样操作的：工作沟通以工作群为纽带，随时沟通，每周我们约定时间在群里正式开会一次，检查本周完成情况，做下周的计划，周日晚上形成周报，在周报上列明下周计划用的费用，公司老板看过没问题就执行，正常每周要用的资金不需要每周上报，增加投入的才列明，专项费用单项列明，经老板批准专项使用。

我们需要将这种模式进行推广，争取更多的企业用这种模式来合作，争取更多的项目取得更大成功，现在广东理工职业学院网店运营实训室已交付使用，更有条件争取更多企业来合作，企业投资自己的项目，风险自知，容易达成共识，项目管理采取合理措施，会让企业放心投资，充当好风投企业角色。

进而我们可以设想，针对投入资金与项目的最优化整合问题，很有必要组成一个独立的风投公司来统一管理投资与项目审核，这样可以调剂资金使用，又让出项目的企业更好把握项目，单一企业出项目自己投资总不如抱团来做事更好。多行业老板专家一起探讨问题，产生新生产力的可能性更大，由出项目的各企业抱团成立风投公司，对自己旗下项目的投资，把握性会高很多，而项目做成，可以推出独立成立公司，风投公司则投资控股为其把握方向，保证新公司的健康发展。

4.2.3 产品或原材料资源

产品资源对于营销项目来说，是一个媒介，优质产品资源很大程度上决定项目是否成功，对于网销项目，从趋势上来说，越来越是货源决定市场，特别是做出品牌的产品，货源将决定市场。

我们选择产品，产品也在选择市场，没有实力的团队，产品决策人员不会选择跟你合作，争取过来的产品资源，不能发挥产品优势给大家创造效益，最终不可能合作下去。换个角度，如果我们拥有产品最终控制权，需要找的合作伙伴也是这样考虑，没市场力的合作伙伴，我们一定会另行选择的。

一个优质产品的市场机会将是一个优势资源，不能浪费，招商条件会被不断提高，而未被顾客接受的新产品，不能当优质资源，需要很多投入及措施才可以形成优质资源。吴太感康，从化学成分来说，是很简单的一个治感冒的口服产品，而因投入大量的立体化广告，形成消费者拉动的优质资源，这形成专业物流争相追捧的对象（注：医药物流公司以配送网络优势获利）。这些产品很多，不排除一些含有欺骗成分的产品也用相同的做法，市面上特别是网络上随处可见的给加盟费发展连锁等多数是欺骗行为，大家需要十分警惕。

产品招商加盟需要很小心，在淘宝上，分销平台提供了分销与代销，也提供了支付宝收入分帐方式，这是比较好的选择，供应商首先要经得起淘宝公司的考验，才可以做这种经营，带“授”字的产品，总比其他产品给消费者更大信心，而在分销平台上取得代销资格的话，我们可以选择支付宝分帐形式来实现我们零投资的目标。

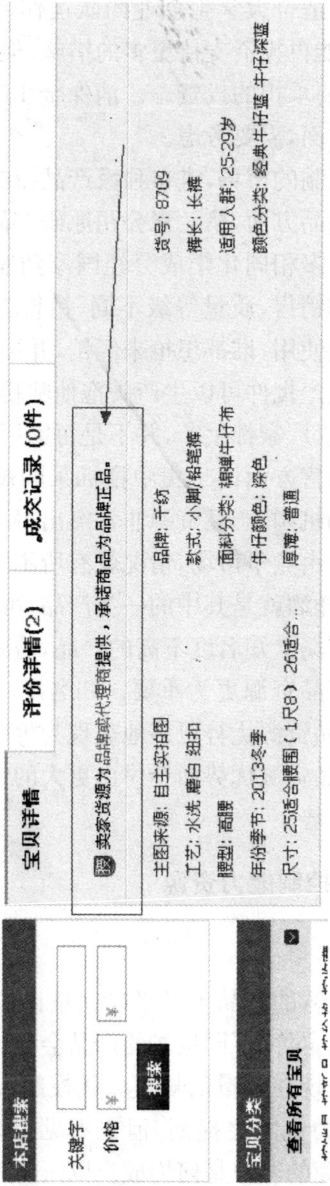

本店搜索
关键字
价格 ¥ ¥
搜索
宝贝分类
查看所有宝贝
宝贝详情
评价详情(2)
成交记录 (0件)
卖家货源为品牌或代理商提供，承诺商品为品牌正品。
主图来源: 自主实拍图
品牌: 千纺
货号: 8709
工艺: 水洗 磨白 纽扣
款式: 小脚/铅笔裤
裤长: 长裤
腰型: 高腰
面料分类: 棉弹牛仔布
适用人群: 25-29岁
年份季节: 2013冬季
牛仔颜色: 深色
颜色分类: 经典牛仔蓝 牛仔深蓝
尺寸: 25适合腰围(1尺8) 26适合...
厚薄: 普通

这种方式比较适合大学生创业团队运作，生产或运营商提供这种服务，不太可能再投资支持更多的措施，他们已将好多风险承担起来，分销者需要承担的投资——消保金 1 000 元(做新品的都得交)，推广投资方面，需要考虑。

在某种特殊机制的市场，进口独家产品，在销售行业内被视为优质资源。例如药品方面，格兰素公司原研产品复达欣(头孢他啶粉针)，国内也有好多相同化学成分经国家药监局批准的仿制品，同样都可以生产和销售，质量等级不同，销售方式完全不同，复达欣在国内得到广泛使用，谁都想抢来经销，并不是大家可以抢得到经销权。而取得生产批件可以生产头孢他啶粉针的国内生产厂很多，几乎每个抗菌素厂家都生产，并不是每家厂都可以形成大家追捧的对象。药品销售方面由于集中招标采购规则的不断变化，形成一种特殊的市场机制，产品资源非常突出得重要。

对于开放的自由竞争市场，情况就有所不同，进口独家产品并没有多大的优势，洋酒就是其中的一类产品，可以成为进口独家产品多数情况下是市场上知名度不高的产品，需要做终端推广，终端控制能力往往比产品资源更为重要。知名度高的产品，由于流通渠道不受控制，产品资源优势更多地表现为价格优势，甚至引来假冒猖獗，为保证产品资源优势而会付出更大的代价，产品的品牌力并不能构成明显优势。

4.2.4 市场控制能力资源

4.2.4.1 流通商

流通渠道所经营的产品多是平时销量比较大的产品，流通渠道特点是按量分档定价，不同批量的产品会有价格上的不同，其市场控制能力资源表现在走量的规模。规模越大，可以取得更好的产品资源，谈价能力也随之提高，但也不见得规模不大的就没市场，这取决于流通商的客户是何构成。以医药为例，在实行集中招标以前，国内市场都是靠流通渠道来维系，改革开放后，从原来的计划经济的供给制转变为市场竞争，从卖方市场转化为买方市场，全国慢慢形成了几个有名的药品流通市场，以普宁市场、樟树市场最为有名，广州的清平市场则主要是中药材。不管服装批发市场还是粮油批发市场，都具有这种流通的特点，按批量大小分档定价，不控制流向或流向根本控制不了。

流通商的走量能力促使形成一个局面：相同的药品去普宁市场调货，比去生产厂直接提货还便宜，如广州天心制药厂的抗菌素，小批发商去厂里直接提货比去普宁市场提同样多的货，价格上并没有优势。这里有其操作的规律，这种现象导致了后续的经销商买断产品的形成，或者连生产批件都是经销商所有，反而委托厂家生产。

综观多数产品的操作，贴牌生产、供应链的控制由品牌商操作的格局，近几年来在多个行业中逐步普及开来，这里市场控制力资源，表现为供应链的竞争，改变了过去单一企业竞争格局。

4.2.4.2　代理商

流通制的经营，所有货的走向完全不受控制，这里就导致了窜货是正常现象。为了对市场进行区域保护，好多产品逐步以代理制取代了流通制，因为这些产品资源受到追捧，大家都出自对自身利益的保护，自然而然地过渡过来。

代理制下，终端控制能力资源主要表现为两个指标——铺货能力和上量能力，在签代理合同的时候，一般都会考虑首批提货量、保证金、销量考核等，分销商希望条件要求不要太高，将资金投向市场开发方面，厂家又希望找到一个适合的代理商，并不愿意将条件降得太低，而门槛定得太高又会失去一些机会，导致市场的空白，故此，都在把握这个平衡中灵活处理。厂家或总代理商的招商工作，并不一定要求专业对口的人来入职，市场营销专业、电子商务专业等都非常有机会去做，那么作为新人，开始参与招商工作的时候,并不是有现成的客户来跟,有主管带的话,也不会转介客户关系过来的,这就需要一种态度:“天下是靠自己打下来的”。现实工作中往往还会遇到更糟糕的事情:主管跟你抢客户,遇到这情况的时候,该是据理力争呢?还是放弃?见仁见智,不能一概而论。

市场控制力资源都是通过人力资源来实现的,也需要资本资源,实力体现在团队与可控终端规模、资本运作规模,在考察代理商的时候,还得调查其产品构成情况,主要产品是竞争还是相补。一旦产品给了代理商,这个市场就决定了未来发展,代理商重视的,新市场开拓和上量肯定有保证,不重视的,那就是在浪费产品资源。

4.2.4.3 专业物流

专业物流主要指专业的第三方物流,其中有配送商和其他物流公司,这是供应链竞争的必然结果。

配送商多数为行业物流商,这类企业需要具体行业营业范围,有些还需要取得特别认证证书,其特点是一个地区内,针对终端运作,协助开发终端铺货成为他们的核心竞争力,对于配送商来说,我们要衡量的是他们的可控终端规模、配送指标、网点分布、回款速度、配送费、诚信、沟通。这几个方面,对各配送商进行逐一考核,选择最优者合作。配送商由代理商选择合作。专业配送商的配送费,并不象发快递一样按件计费,而是按具体成交额来计算,而且终端货款回来是先收到配送商,再到代理商,这就跟回款速度有很大的关系,回款速度很大程度上决定了代理商所需要的资金规模,这个在前面的资金资源中已进行说明。而可控终端规模,则说明预期的市场占有率将是什么规模。

当然也可以选择自办物流的形式,对于经营终端数量要求不高的产品,可以用自办物流,但如果是点多面广线长的产品销售特点的话,与专业物流的合作更有意义一些,以利于做好自己核心竞争力的工作。快消食品采取这种形式比较多，对于一二线城市多级批发也比较多见。

总代理商或厂家的特点是，一个点发全国，他们需要找的专业物流商，仅是按件计费的物流运作方式，产品当货物来运作，送达即可，虽然部分提供了代收款服务，不需要协助开发终端铺货，部分产品有特殊物流要求的，就需要具备特别的条件，这可以通过货运公司、快递公司等来实现合作。这几年，一些专门提供这种服务的公司正在蓬勃发展中，可选的合作伙伴比较多，这种物流模式，整批进仓，按单发货，是多数电商企业采用的外包物流模式。

整合各地配送中心，整批进仓，事先分配到各地配送中心，当地订单当地配送，这种大物流模式，增加了库存成本，提高了配送速度，亚马逊、京东商城的物流配送都是这样运作的，淘宝也正在全面整合中。

我们需要寻找一个合适的方式来运作，根据具体产品的研发、采购、生产和销售整个过程特点来建立供应链各个操作方式，分工协作，协同作业。

4.2.4.4 供应链不同节点资源特点

项目处于供应链的不同节点企业，协同作业所形成的资源具有不同特点，简单供应链可以这样表示：

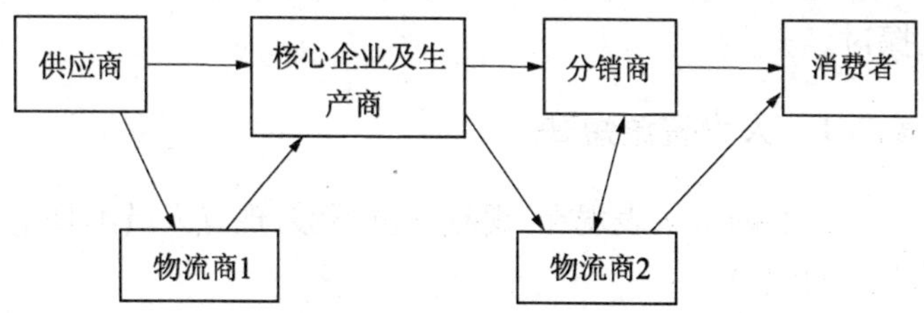

供应商形成产品资源，宜做技术攻关项目，技术领先，开发产品新功能新应用，甚至要做更新换代的研发。核心企业可以表现为生产商或品牌持有人，作为生产商（总装生产商），需要供应商提

供原材料，这些是产品资源，生产能力资源可以从快速反应、弹性生产等方面来体现，以符合供应链协同作业。品牌商则是品牌实力为资源，打造品牌、维护品牌成为主要目标，这两种核心企业都有一个共同特点，组织整个供应链相关的企业开展协同作业，供应链的组织效率体现供应链竞争的实力。分销商包括经销商、代理商、批发商、零售商，主要资源为市场控制力资源和资金资源。物流商 1 可以用行业物流，生产物流商，以理货能力构成供应链的资源。物流商 2 为配送商，多数情况下需要行业专业物流，做产品配送到终端，以终端控制能力构成供应链资源。物流商 2 直接配送消费者的，多数表现为网络销售的直销配送，以几个关键绩效指标来考核其物流资源能力。

参与供应链的企业，都各自以其核心能力来一起协同运作，取长补短，由供应链核心企业来组织运作，同时还是消费拉动的运作导向，由于信息共享，一起协同作业，目标是消除“牛鞭现象”，也实现了快速反应。

4.3 短缺资源管理

项目都在有限资源限制的情况下进行的，资源短缺是正常的，多余资源是不正常的，如何在有限资源下实现项目目标，我们必须深入探讨。

4.3.1 人力资源短缺

人力资源的短缺表现在：现有人员不够，现有人员不具备开展某道工序的能力。

广东理工职业学院网店运营实训室，按学校期望是提供培养实战型人才的机会，需要有实际运作的项目来给学生锻炼，而提供项目的企业方，存在三个期望目标：获利、培养储备人才、校企合作。企业的第一个直接目标就是获利，这个目标与学校培训学生的目标相去甚远，这里需要企业的理解，我们在承揽项目时应该很清楚地让企业了解实际情况，进而，学生参与实训，思想状态上还会停留在学习的地步，获利可以挣得提成，短时间内有冲劲，时间长了后，可能会失去耐心，关键就是一个责任心的问题，这将导致人员变动相对较大。

学生总要毕业，多数人考虑的是先就业后创业，实训室的实训，他们考虑的是配合课程的实训，并未将思想调整到直接创业的状态，骨干相对比较难培养。好不容易培养出来的骨干随时可能流向企业，或另行创业，故而实训室将保留几个骨干作为总体上协调的后勤人员，这些人员也应该带人以便到时自己就业前接手。

人力资源短缺问题一开始就存在，我们将采取"以老带新"的方式来保持人员梯队，新加入人员，先做短期专项培训，再在参与项目运作中不断地辅导，使他们在实战中成长，目前需要建立的队伍分为四块：美工、校园导购、企业委托项目、快递终端网点，都需要通过分块负责人来维持，招聘、培训是主要工作。

企业创业项目人员短缺问题相对比较容易解决，人才市场上，只要出价合理，不愁请不到合适的人，再说企业运作过程中，会不断产生一些人才，还可以送出去培训等措施，这些都相对比较容易协调好。人员不足，可以招聘过来，人员工序能力不足问题，通过培训，也可以直接招人，来达到目标。

4.3.2 资金资源短缺

资金短缺问题是创业项目经常遇到的问题，资金投入量不够，资金到位时间滞后影响进度等问题，总是会出现的。资金资源短缺，常常会因为初始估计不足而需要做追加投资，而追加投资后，是否可以保证项目目标实现，在做决策前尚不能确定，能掌握的数据也是预期的。

资金投入量不足，也应该区分不同情况处理，项目进展后为实现项目目标，不得不追加投资，在大多数项目中会遇到的。一种新药的研发到投放市场，需要 10 年至 15 年时间，时间跨度大，涉及因素多，追加投资的可能性很大。一个新地区代理市场的开发，很多因素会造成需要追加投资，仅回款这项就足够让你不断地追加投资，有的情况直到干脆不做这个市场，死帐、呆帐慢慢回收。

做项目策划时，对资金量估算不准，也是合理的，策划阶段做的计划，不可能有"锦囊妙计"事先完全算计清楚。再说现在信息社会，变化很快，技术更新越来越快。

做产品新市场开拓，大家都得从备货这里仔细考虑下，备货太多的话，卖不出去，就会产生更多的库存成本，说不定要做废品处理，备货太少的话，赶工费、物流费问题又上来了，即使非常合理一批货完全销完，下批货与上批货回款的合理安排又需要考虑。

4.3.3 产品或原材料短缺

产品是项目经营的媒体，在生产过程中，表现为原材料、半成品、产成品，这三种形态也可能会出现阶段性短缺，产成品短缺表现为市场反应好，产品供不就求，需要考虑的是如何增加产能，保证供应的问题，从供应链的角度，由于供不应求，有可能给顾客造成损失，这种情况下没有协调好的话，最后是供应链上的所有企业将面临损失。

很简单做个分析，现在产品独家市场又是卖方市场的产品并不多，市场上消费者可选的替代品非常多，一个缺货断货的产品，短时间没问题可以恢复市场，时间一长，消费者必定转换消费习惯，到时要重收失地，就谈何容易了。至于说有没这产品，可以说也是有的，比如北京同仁堂的安宫牛黄丸，是一种急救必备的药，断货经常发生，但其地位是撼不动的，断货后一旦恢复供应，市场一样存在。而珠江啤酒，市场上很多一般不会断货，如果发生断货,其他牌子也就顺利占领市场,但要去恢复就不容易了,在广东有多个本地和外地品牌设有生产基地。

半成品的短缺一般不会发生,这里可以在总生产计划上进行事先的安排,但也不能完全排除这种可能性,特别是外协件,外包给其他厂家生产的一些零部件,发生的阶段性短缺的可能性是存在的,需要制定措施以预防。

原材料方面的阶段性短缺在某些行业上,可能会经常发生,比如前段时间大蒜和辣椒曾给炒得很高的价,一些辣椒酱生产厂家就深受影响,涨价前如果刚好进一批货,就可能相当于赚了,如果库存不足,意味着生产成本提高,这样的情况下,也不好预测是临时性涨价还是结构性调整,那该如何决策呢?

近几年的油价也是这样的,前段时间听说要涨价,好多车去排队加油,油对于物流企业来说,是成本大头,曾试过油价一涨,市场也就没菜卖了,因为没人肯送菜贩去田地里批菜过来卖,导致菜价也升。后段时间观察了下,大家已经习惯这种涨多跌少的油价走向,结构性走高已成定局,再闻消息油将涨价的时候,大家已经没了反应。

原材料短缺的结果就是涨价,有的涨价了还买不到,这里直接影响的就是成本增加,影响了我们产品的定价还有销量。但要注意的是要做分析,看清是临时的市场机制还是有人故意炒作,还是结构性的调整,这三种情况一旦能判定下来,就有相应的措施。这些例子中很典型的是 2003 年的非典期间,炒作板蓝根冲剂,前期一路走高,炒的人只要拿到货,一转手就赚好多钱,以致于越炒批量越大,越炒价格越高,后期接手的则亏大本,最后接手的高价货根本卖不出去。2011 年的食盐炒作,情况又有所不同,食盐关乎国计民生,国家出来干预,让最后接手的货主不受损失。

4.3.4 市场控制力资源短缺

市场控制力资源短缺表现为市场空白，或产品销售达不到预期的目标，可能是哪些因素造成，很值得我们深入探讨下。

新产品推出市场，肯定市场是空白的，但不代表市场控制力不够，只是还没建立营销网络而已，那我们如何去快速占领市场，打开市场，这个课题就摆在我们面前。最近有个厂家，生产降血脂的食品和解酒的食品，原来计划以国药准字推出，由于考虑投资规模和申请生产批件的周期，生产批件转为申请食字号，2013 年 11 月底取得 QS 认证，取得了生产批件，这产品对全国市场来说都是空白，目前将以广东省为突破口，先打开市场，可用的市场控制力资源，也有多个渠道，比如药店进行终端促销方面，作者本来就有现场的资源可以发动，正在编制策划书中，OTC 渠道方面，应该是仔细挑选好的各市分销商，而不必给出广东省的总代。

同类相竞产品已事先占领市场，要跟对手争市场，首先就是如何建立直达终端的控销网络，这里有两条路选择，一是自建队伍，二是招商合作。上述的解酒食品（独醒丹），作者在跟一家中山的药店老板聊的时候，老板告诉作者，竞争对手“海王金樽”已让药店和经销商失去合作的信心，给他们太过微利了，如果有这个产品来替换，经销商和药店将会非常欢迎。对于独醒丹来说，这就是一个利好信息，投放市场的话，有可能会有比较好的市场反应，而这种利好，并不代表市场控制力资源就已经建立起来，还需要做细致的招商工作，需要挑选最合适的合作伙伴。

4.3.5 短缺资源控制思路

前一节的资源，在不同时期都可能成为短缺资源，各项目情况又不相同，“家家有本难念的经”，为确保项目顺利进行，我们需要一个控制思路，比制定办法更重要，对策措施总比问题多。

把握轻重缓急，将项目目标作为衡量标准，用关键因素法来控制短缺资源在各工序使用的优先等级，并制定应急方案。

短缺资源工序优先集中安排，有些资源进退场费用大，使用时间受限制，应该在做计划的时候就将所有拟使用该资源的工序集中在一起。这种资源一般是指短期外包的专有技术人员或设备。

客户关系管理应该以短缺资源为重点开展，从供应链管理的角度，长期合作伙伴对短缺资源的获得更有优势，对于保持长期稳定获得短缺资源也更容易做到。

5 项目团队管理

项目组织可以有三种情况：公司直接操作、矩阵式机构、独立项目公司，对于创业项目来说，这三种情况都可能出现。

本章需要掌握的知识：

1. 了解三种项目组织形式的不同运作特点；
2. 了解项目团队的组建和发展；
3. 了解项目经理的要求与培养；
4. 了解项目激励的重要性，学会设计一种项目激励管理办法。

【引例一】

惟真才是举

日本本田技研工业公司董事长本田宗一郎在他创业 25 年后，即他 60 岁时，自感需要让贤，于是他把这份事业交给当年才 45 岁的河岛喜好。10 年后，河岛又把接力棒传给 51 岁的久未是志。正是他们几位奠定了本田四轮汽车事业的基础，成为继“丰田”、“日产”后日本汽车行业第三把交椅的占有者。本田宗一郎压根儿没有想过由儿子来接手他的事业。他自有他的经营哲学：“家庭归家庭，事业归事业。”为了让贤，甚至用眼泪去劝说任该公司常务董事的弟弟一起退休。可见，重视人才是使本田公司事业走向顶峰的秘诀。

一向以独创技术驰名的"索尼"公司，却曾有一段时间在成倍增长的计算机市场上落后于人。"索尼"知道，要想后来居上，必须尽快拿出新产品。按常规，让科研部门研制新产品至少需要两年时间，这显然不利于市场竞争。于是"索尼"公司的决策者们出人意料地决定在企业内进行公开招标，结果三位被认为"怪才"的员工中标。尽管不少人反映，他们自尊心太强，点子太多，清高而不合群，但"索尼"领导却放手让他们"组阁"。课题、经费、时间、设备一切自主决定。结果只用了半年，印有"索尼"商标的NEMS型微型计算机便出现在商店，其性能高于同类产品，价格却便宜一半。"索尼"占据了大片市场。1年以后，"索尼"又推出高速度大型计算机，其研制速度使其他计算机厂家大为惊讶。

如果说"索尼"公司是选用"怪才"的话，那么，"本田技研社"则是只用"怪才"。因为他们坚信"没有个性鲜明的人才，就不会产生独具特色的商品"。"本田技研社"专门招收个性不同的"怪才"。本田的职工，一般是两种人：一种是"本田迷"，即对本田喜欢到入迷的程度，他们不计较工资待遇，而是想亲手研制发明新型本田车；一种是一些性格古怪的人才，他们或爱奇思异想，或爱提不同意见，或热衷于发明创造。本田认为：对职工必须大胆委托工作，但要提出高目标。至于如何达到，领导无须指手划脚，让"怪才"们自己想办法。"人只有逼急了，才能产生创造性。"在美国获汽车设计大奖的本田新车型，都是那些"怪才"发明的。

【引例二】

惠普以人才兴业

"人才就是资本"，"知识就是财富"；人才是知识的载体，知识是人才的内涵；知识是企业无形的财富，人才是企业无法估量的资本。

美国惠普公司的成功就是一个很好的例证。

斯坦福大学毕业生休利特以1 538美元起家，建立惠普公司，使之发展成为美国十大电子公司之一。2004年度惠普公司销售收入达799亿美元，比上年增长9.4%，在美国《财富》杂志公布的2005年全球企业500强排行榜上位居第28位。

惠普公司的成功，得益于休利特两条有趣的“管理公式”。

公式之一：人才＋资本＋知识＝财富

1983年，《财富》杂志对全美700多名企业经理、管理人员普遍调查，给各企业评分，惠普获最佳企业的“亚军”；在“吸引、留住和培训人才”方面，得分最高。

作为公司老板的休利特认为，当今的时代是信息时代，电子仪器公司不同于传统工业，是应用最新科学技术最多最快的工业部门。这样的企业对知识的渴求，远远大于其他企业。只有占据人才优势，才能在激烈竞争中处于积极主动的地位；只有通过人才竞争，知识才可以发挥作用，产生威力。

用惠普公司经理的话讲，就是：“本公司发展的主要经验，就是寻求最佳人选。”

为了获得人才，惠普公司十分重视员工的培训，经常选派工程师到高等院校去学习、深造，工资照发；鼓励青年技术人员参加各种半脱产学习，公司为他们支付学费，报销路费，甚至于在住宿方面给予补贴；公司开展全员培训，每年举办上千个各种学习班。

惠普公司还十分重视吸纳人才。公司成员大多数是工程技术人员，但他们每年都派出一批知人善任、有管理经验的技术管理干部，前往有名的高等院校，了解应届毕业生中的佼佼者，再由公司出路费，请他们到公司来，当面考评，优选慎聘。

公式之二：博士＋汽车库＝公司

这条公式的内涵较为丰富。休利特尊重每一个员工，认为大家都是惠普的“博士”。休利特所坚持的信念是：“不论男女，大家都想有一个富有创造力的工作，有好的工作环境，大家都会把工作做好。”“惠普公司的传统是设身处地为员工着想，尊重员工，认定员工的个人成就。这听起来像陈词滥调，其实不然……”“每个员工的尊严与价值是惠普极其重要的构成部分。”

“汽车库”式的方针，反映在惠普公司新产品开发的密集型战略上。他们每年用于新产品开发的费用，占销售收入的8%～10%，但他们从不离开公司原有的技术专长，而是围绕已有的骨干技术和骨干产品进行系列开发。

【引例三】

没有十全十美的人才

北欧航联总经理卡尔森是一个经营天才，他上任两年就扭亏为盈。北欧航联的董事会是怎样发现他的呢？当初，出身于公务员家庭的卡尔森，1968年从斯德哥尔摩经济学校毕业后，进入温雷索尔旅游公司从事市场调研工作。3年后，北欧航联买下了这家公司。卡尔森在旅游公司先后担任了市场调研部主管和公司总经理。由于他经营有方，到1978年，公司已发展成瑞典第一流的旅游公司。

1978年瑞典航空公司出现危机，无力偿还债务，北欧航联即任用他为该公司的总经理，他调任总经理不久，即抓住了问题的症结：国内民航公司所订的收费标准不合理，早晚高峰时间的票价和中午空闲时间的票价一样。

卡尔森将中午班机的票价减了一半以上，以吸引去瑞典湖区、山区的滑雪者和登山野营者。这样一来，顾客们在机场外面扎起帐篷，等候空座。卡尔森主管下的第一年，瑞典航空公司即转亏为盈,获得了相当丰厚的利润。

1980年整个北欧航联都出现了危机,此时董事会就想到了卡尔森。当年北欧航联起用卡尔森在总公司主管民航事务,1981年卡尔森为总经理。

卡尔森上任后,大胆改革,除下放权力外他还翻新飞机,把飞机的走道加宽。给订飞机票(价格较高)的商业旅客安排较好的舒服座位,并把企业分成规模不等的利润包干中心。短短两年时间,北欧航联在大多数航运公司亏损的情况下扭亏为盈,重获生机。

然而卡尔森并不是一个十全十美的人,董事会有些董事十分不喜欢他。就个人作风而言,卡尔森自称是个"有表现癖"的好出风头者,声称"天下三百六十行,行行都在表演亮相"。一些同事对他动辄对报界发表谈话的夸夸其谈作风大为不满。他曾要求将公司改名为"斯堪的纳维亚皇家航空公司",觉得这更符合这个君主国的国情,结果碰了一鼻子灰。董事会的第一副董事长反唇相讥:"你自己是不是也想改名换姓。"尽管这些人不喜欢卡尔森,但只要卡尔森能为他们赚钱,他们还是愿意让卡尔森当总经理。

某些人才爱出风头、有野心并不完全是坏事,野心有时也是一种令人积极、认真、敏捷、勤奋工作的动力,对这样的人要提防他的野心,尽量限制他不良的一面。

项目团队是项目成功与否的关键,组建项目团队先是项目经理这个灵魂人物的选定,接着就是团队组建,团队选人配到各岗位,人无完人,用人其长,如何发挥团队力量,是我们要研究探讨的问题。球星组成的明星球队,不一定可以战胜一支普通的球队,问题在哪呢?

5.1 项目组织环境

5.1.1 公司直接操作项目

这种项目组织环境是由公司按职能部门直接操作项目，项目所留现场人员仅起联络协调和应急处理作用，所有决策权在公司，并分工到各部门，由部门经理直接处理，项目分工的协作，由公司生产调度会等形式来实现。

这种形式适合公司重点保证的项目运作，公司阶段性将主要资源投入到本项目，需要全公司围绕该项目实施的情况。

这种组织方式，优点是公司重视，项目资源短缺问题成为公司问题，公司将集中最优资源予以保证，缺点是项目运作没有独立性，项目经理实际上是由公司经理兼任，导致公司阶段性目标受到局限。

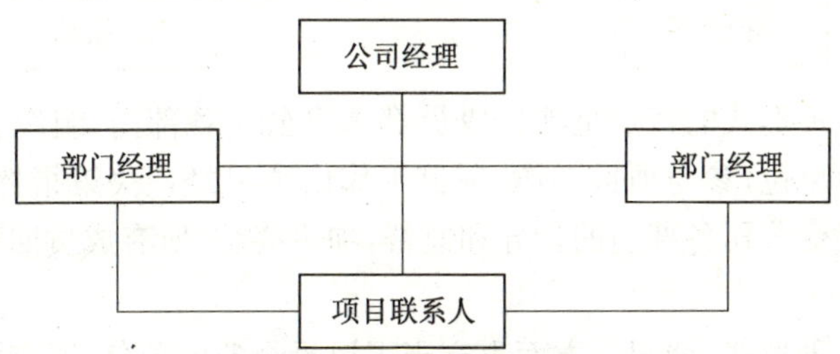

各部门直接指挥项目的工作，有时可以起到高效的作用，但也会发生多部门矛盾，而项目联系人起不到协调作用，往往会将问题返回公司来协调解决，公司的反应总比项目现场的协调来得慢，客观上降低了快速反应的效果。我们在对项目选择组织形式的时候需要慎重考虑，特别是创业项目，不确定性因素更多，作为一家公司来讲，其实用不着这种“孤注一掷”的做法，将企业的宝全押在一个项目上。

这种形式，公司直接承担所有风险，质量体系就公司一级即可，公司对生产一线反应速度可以做得比较快。

5.1.2 矩阵式组织形式

以直线职能制建立的矩阵式组织形式，是最普遍使用的组织形式，这种形式可以确保项目的相对独立运作，又能让公司给予足够的保障。

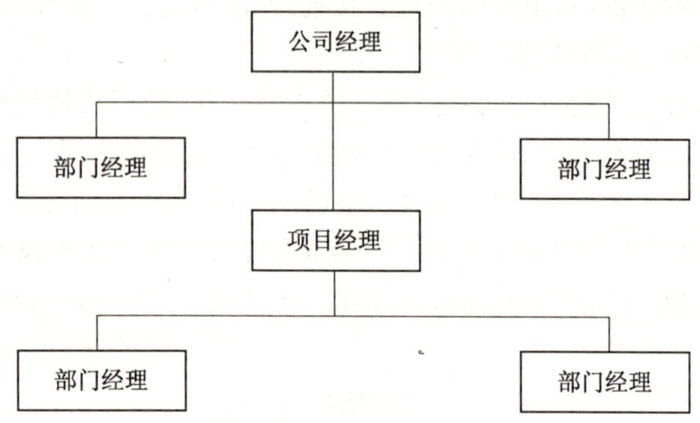

这种形式的特点是项目成员都来自公司各部门，组织关系保留在原单位，参与项目工作，项目工作由项目经理决策指挥，同时还得接受公司各部门的指导和监督，项目终结，所有成员回到原来部门。

这种形式，公司一方面也充当了风投企业的角色，所有资源也是以公司提供，遇有资源不足，则以公司为主体整合资源过来。项目经理取得公司授权负责项目运作，直接风险由项目负责，最后承担仍然是公司，质量体系的建立和运营涉及公司及项目两级，项目实际上是公司创利的一个基本单位。

5.1.3 项目公司

项目公司是适应资本运作针对大型项目而设立的一种组织形

式，这种项目具有独立性强、投资规模大、回收周期长、长期运作的特点。

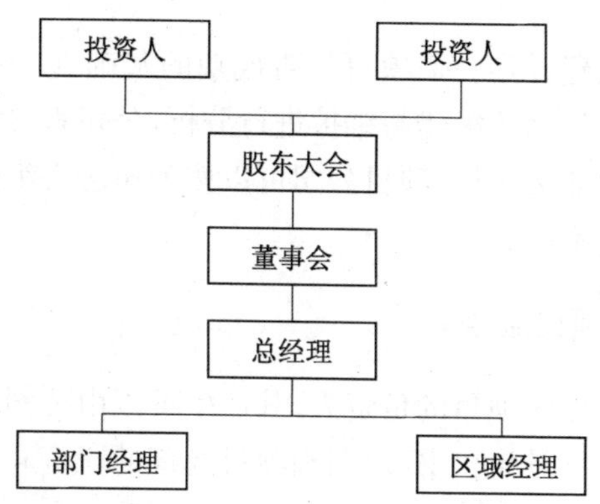

这种项目运作，实际上是新设一家公司来运作项目，所有人员在项目里工作，按公司制来运作，投资人参加股东大会，成立董事会，具体实施的项目经理就是公司总经理，而需要设立的部门根据项目实际情况来设，具有独立法人资格。

这种组织形式并不少见，大型水利工程项目、高速公路项目等都采取这种做法，而投资人从以前的国家投资到改革开放后的多种经济成份投资人介入，项目公司具有独立法人资格，独立经营，独立核算。

而中间还有一种项目公司组织是不具备法人资格的，由一家具有法人资格的公司出资注册成立分支机构，人员组织关系调过去，相对固定，项目公司在法人公司管辖下相对独立运作，内部独立核算，其运作方式与矩阵式组织形式差不多，但项目公司的部门机构设置会相对比较齐全，机构设置上可能与公司的部门相对应，规模也相对比较大。

5.2 项目团队组建与维护

项目团队建设是一个项目是否成功的基础，以下就矩阵形式组织形式的项目团队组建与维护进行分析，公司直接操作的项目，不需要组建团队去运作，项目公司可以按公司法去组建项目团队，涉及范围有些不同。

5.2.1 项目经理

项目经理作为项目的负责人，其产生可以由公司指定或选聘，特点是要公司出具授权书，以明确项目经理的职责和权力范围。

一、项目经理的素质要求

具备与项目相对应的知识和技术水平、较高的个人素质与人格魅力、较高的概念性技能；能积极与他人合作，能自己处理心理压力和自我激励，能激励和影响下面其他人，能妥善处理好各项目干系人的关系。部分项目需要持项目经理资质证书。

二、项目经理的职责与权力

项目经理需要落实项目管理的几大功能，作为决策者行使决策权，责权对等，而项目团队进行分工后，项目经理需要对某些工作直接负责，这些包括：项目计划（进度计划、资源计划、成本计划），设计组织机构，落实资源配置，对项目实施过程控制。所行使的权力包括：组阁及工作分配权，决策指挥权，资源使用与分配权。

三、项目经理的领导力

项目经理通过以下几个方面来实现领导力：

1. 授权。成员开展工作应该得到充分授权，这样才能发挥积极性和主动能动性。授权之前，需要建立一个内约机制，使所授权力既受到制约也更加发挥作用，以达收放自如的效果，千万不能造成“抓之即死，放之则乱”的局面，这个也跟授权的力度掌握有关。内约机制在项目管理手册(质量文件)中给予体现。

2. 激励。虽然项目经理本身要做到自我激励，但对成员的激励需要建立一个机制，激励分为物质激励和精神激励，需要灵活运用，成员期望有几个方面，公平是大家所追求的目标，受到尊重也是大家所期盼的。项目经理宜仔细研究马斯洛的需求层次理论，分析每位成员的心理需求，制定适合团队的激励方案。当然物质激励是主要的，这里主要就是考核分配办法，针对奖金的分配，而固定人工部分是由公司负责的，可以不用去涉及。

3. 人员开发。参与项目的成员，多数想通过项目工作这段时间得到锻炼，积累经验，以期提升自我能力，需要加以引导，这也是不断提高团队能力的需要，要有意识地创造机会给成员，运用好成员的能力，还要主动去挖掘各成员的潜在能力。

4. 人际交往。一个良好人际关系的团队，项目经理的领导力会更有力度，这是很明显的，一个关系良好的团队，开会都非常容易达成轻松环境，慢慢形成默契，成员往往会在其他人没发现问题时，主动去将工作完成了，而不一定需要通过开会研究再形成正式文件才去做。

5. 处置和应变能力。项目经理具有决策权，遇紧急事情，应变能力的表现，大家都在看着，决策处理方法要及时精准，直达要害，一击即中解决问题，不可拖泥带水，带来损害。

项目经理通过以上几点的发挥，可以建立威信，提高领导力。

四、项目经理的挑选与培养

分析项目特点，了解项目需求，确定项目经理选聘标准。根据项目特点，分析项目经理应该具备哪些知识和技术要求，处理关系人关系的要求，处理团队建设能力的要求，由于经历及经验对应变能力有帮助，确定对经验的要求，根据现有资源，提出对项目经理资源配置协调能力的要求，根据现场分布及环境特点，提出对指挥控制协调能力的要求，职业道德等方面的其他要求。总之，以实现项目目标为导向，分析项目需求，确定拟聘项目经理的选聘标准。

发布选聘信息，将选聘项目经理的信息在合适的渠道上发布，这信息应该包括项目介绍、选聘标准、应聘要求、截止时间、联系方式等。合适的渠道，可在公司内部公共信息渠道比如官网、内部网先行发布，也可以向社会公开发布，面向社会招聘项目经理。

确定候选人信息。应聘截止时间到后，组织专家组进行评审，通知面试，根据各人提供的资料及面试情况，进行综合评审，确定候选人名单，予以公示，公示期过后没异议者，即行选定项目经理，履行聘任手续。

对于小型项目，可以对上述程序进行简化，公司可以在合格的候选人员中直接内部选派即可。

有资格的项目经理并不是凭空产生出来的，平时应该进行有针对性的培养，而对储备项目经理的培养，主要针对三个方面进行：基础知识、管理知识、项目实践。

基础知识方面，首先是教育水平，也就是专业学历。专业知识对于项目很重要，受教育的程度，所学专业知识的课程，具备了必要的基础，后续的历炼又进一步丰富了专业基础知识的应用水平。当然并不是所有人具备专业基础知识，就一定要从学校教育的渠道来实现，经验丰富的项目经理所具备的专业知识并不比刚从学校出来的人差，实践中掌握的专业知识，或比搬书照套的更起作用。

管理知识，每个人都可以通过自己的经历积累到管理知识，每个人的晋升成长过程，就是一个不断积累管理知识的过程，这就是为什么没有一个专业叫“省长”专业，但总会有人来当省长，没有一个专业叫“董事长”专业，也一定会有人来当董事长。

项目实践，不具备条件的准项目经理是没机会当项目经理的，那就要参与项目实践，经历成员、主管、项目副经理的历程，我们可以通过这样的方式，为一些有潜质的人员提供一个成长路程，选择合适的人员给他们创造机会成为储备项目经理。

5.2.2 项目团队的形成与发展

当项目经理选定后，就可以着手组建项目团队了，组建好团队后，还要经过不断地建设，使项目团队成为一个高效团队，以确保项目目标的实现。

一、项目团队的形成

项目经理是经程序选聘的，聘任手续办好后，对项目经理进行授权，接着就是选聘协助项目经理的决策层人员，也就是项目副经理、技术负责人(部分项目可能还需要基层党组织)，这个决策层可以说是项目领导班子，领导班子将对项目的成败起关键的作用，人员的构成要十分慎重安排，本书建议，首先让项目经理在公司人员中进行组阁，公司领导提供候选人员名单，由项目经理挑选，尊重项目经理的意见，有时还要考虑项目经理建议的候选人名单以外的人员。领导班子是"火车头"，班子有力量，项目经理也会轻松些，领导班子不能有内耗现象，具体问题探讨时的不同意见不是内耗现象。

召集项目成员，根据项目设置的机构与岗位，选择合适的人员配到对应的岗位上，在公司里不同部门抽调人员，需要公司经理的支持，一般来说，每个部门中能干的人，大家都争着要，而部门则要留，这里存在一定的矛盾，公司领导的支持决策很大程度上在协调一个轻重缓急的问题。故而在这问题上，需要在公司生产调度会上加以强调并做出决定，这对公司与项目之间以后的沟通非常重要。这种形式相当于古代战争的"战前点将"的做法，需要最高领导层的支持，这样的项目团队组成后，所有成员都会更具使命感。

紧接着就是具体落实人选，正式成立项目团队，根据项目规模大小，大项目可以搞个成立仪式，做项目启动的动员；小项目就项目团队内部开会即可，会上首先对人员进行分工，安排入岗，公布项目管理办法，明确每个人的工作目标和进度计划，公布考核及分配办法等项目主要文件。这是项目初始计划，每个人都按项目总进度计划，将分工的工作进行展开细化，也需要对每道工序细化到具体操作的层面上。

二、项目磨合阶段

经过上面的组建工作后，所有成员按分工开展各自工作，由于所有成员来自公司不同部门，都带来原来部门的工作方法，方式方式有所不同，自然会有些矛盾或误解产生，这是正常的，大家需要一段时间的磨合。

在磨合期，可能有些涉及需要调整项目管理办法，多数情况下各成员要自己先适应项目运行机制要求，改进工作方法来与成员之间相适合，这些是双向的，都要求大家以谅解、合作为前提。多沟通，言必尽，有想法要主动说出来，大家才知道，才可以共同寻找解决办法，有问题不说的话，问题可能总得不到解决。发现问题，应该先思考解决问题的办法，提出问题也将解决办法提出，再由大家商议来定。

磨合期效果，对后续将影响深远，如果磨合不好，项目团队将经常变动，增加了后续工作的难度，适者留下，频繁换人，注意做好交接工作，磨合期时间越拖越长，不能保证进入正常运作，打造高效团队。越早磨合好，越有时间打造高效团队，项目成功率越高。

三、正规化阶段

磨合好后，项目团队将进入正规化运作阶段，其实这个也没有明确的特征来界定，这时有些特征可以观察：团队凝聚力形成，项目主体事项在商议时比较容易达成共识，对于项目决策，团队成员已能自觉去实施，并且能达到预期的效果。

这时候，团队成员间的合作意识增强，相互信任，合作愉快，办事默契，项目经理授权充分，也将控制权交出来，更加调动成员的积极性和主动性。这种局面形成后，将是打造高效团队的基础。

四、高效团队运作阶段

这时候团队具有集体荣誉感，团队运作效率高，项目经理完全授权给团队运作，各成员按分工各司其职，办事主动性强。

并不是每个项目团队都可以进入这个状态，这是各项目团队追求的目标。高效团队具备的特征：所有成员目标清晰、角色技能到位，目标导向成为各成员的自觉行为，成员间高度信任、互助合作，团队内部保持良好沟通，还需要项目经理恰当领导，及项目内外主要是公司各部门的支持。

五、项目团队建设需要注意的问题

不宜有小团体主义意识。小团体是指在一个组织内偏离组织总体目标，少数人为了他们的共同利益而形成的松散型团体，他们以小团体利益为导向，当项目利益与其相同时就会发挥积极作用，不同的时候就会发挥反作用，这是项目团队建设中最需要避免的。有小团体出现的团队，总体有矛盾存在，有时还表现得比较强烈，某些事处理还相当不容易圆场，以至于出现不团结的局面。要正确引导，须先抓住其核心成员，分析他们的需求，有策略地开展工作，或将其明朗化，正式组建为一个正式班组，或进行人员调动打乱关系。

针对不同阶段的特点来开展建设。对于形成阶段、磨合阶段、正规化运作阶段及高效运作阶段，都会有不同特点，需要用不同方式来进行维护，创建一个团队容易，维护一个团队需要长时间的付出，要打造一个高效团队更是需要精心培育。

必须做到：所有成员清晰理解项目目标，也理解自己工作目标，以目标为导向，主动开展工作；创造一种适合本团队的氛围；界定好项目组织、交界面和汇报关系。

抓好培训。通过培训使大家正确理解项目目标、工作要求、培训的时间安排和内容，需要合理规划，不能让人觉得疲于应付、流于形式、教条公式化等，培训方式也需要科学设计，作者曾给一家公司设计一个会议及培训的形式，建议这样：每周哪个业务员开出单的，就有资格上台分享成果，以分享成果的形式来达到培训的效果，而设计分享几次之后，就有资格晋升主管，这样可以激励业务员快出单、多出单、多分享，主动去开展工作，将这个定成自己成长的目标途径，自我激励，不用公司领导去推。而将这种培训与周会结合起来，每周举办一次即可，这样也可以减少业务员回来开会时间，解决业务员疲于开会的困惑。项目管理也应该用这种思路，建立一种机制，让项目成员自己明确奋斗目标，以自我激励为主，这样项目经理就可以做得很轻松。

5.3 项目团队考核及激励

项目团队是一个责权利统一体，授予职责与权力，也需要给他们得到利益，这就是考核需要解决的问题，而这个应该制定一个考核办法，再与分配挂钩，这样才可以起到激励的作用。

团队考核指标分为对个人的考核及对团队的考核两个层次，而且还有必要让每个人有机会通过自己的努力，从一个普通的员工晋升到一定的团队领导位置，并且不同层次的领导位置将会获得不同的经济收入，还将获得自我满足自我实现的目标。

一、项目团队对成员个人考核

项目团队里对个人的考核，需要制定几个关键指标来考核，前提是所有业绩是由整个团队共同努力才实现的，个人是按分工做好计划的工作，发挥岗位作用，正规化运作的团队每个成员的工作质量对团队业绩结果都至关重要，工作只是分工不同而已，并不能强调谁的工作重要一点，而其他人的工作就不重要，最多是不重要的工作就所有成员都不必去做，好多情况下，细节决定结果。

故而我们对个人的考核指标的制定，就是如何将工作质量的考核进行量化。部分指标量化不了的，又是如何考核，也要有个原则性地把握公平的标准，可以制定几个档次，如非常满意、满意、一般、差、非常差，这种设置方式，用民主评议及领导意见相结合的方式来做评价。

个人考核指标量化部分，应该针对不同岗位围绕项目目标和项目计划分配的具体内容来制定，如客服人员的考核，前面说了几个可以量化的指标，就可以这么来制定，打字的考核指标：速度和出错率；服务指标方面：反应速度、顾客评价；业绩方面：转化率和客单价。按这样来分类设置合理的指标值，当然指标值的设置也是挺影响考核结果的，不能定得太高，让人怎么努力也不可能实现，也不能定得太低，让人不用努力随便可以做到，要根据项目实际情况要求来制定，适当照顾但不是迁就具体人的实际水平。这个观点，以前作者在担任广州航道局质量文件编写项目副经理的时候就经常强调，不能让大家都象朱建华那样去跳高，这样所有人都做不到，也不能定跳高的要求是 1 米，这样每个人都随便通过，所定指标值应该是大多数人通过努力可以达到的，但又不能给他们太过轻松就通过。

就打字速度一项来看，专业打字员的速度要求是 200 汉字/分钟，对于客服人员来说，需要考核的不是简单的打字，要经过思考后才打的字发送出去，如果按专业打字员要求的话，就不合理。那么多少比较合适呢？作者观察过这几年招聘客服人员的网商公司招聘的要求，多数企业要求，打字速度至少是 40 汉字/分钟，最好是超过 60 汉字/分钟。2013 年“双十一”大促，中山市有家经营木地板的公司招临时客服人员，要求就是 60 汉字/分钟，对此专门组织电商专业潜在应聘人员进行打字测试，只有一个最高平均速度 58 字/分钟，接近最低要求，多数人在 30 字/分钟左右，这跟企业的期望出入比较大，结果是企业不要。但这种企业期望，作者早在给这些同学任课《电子商务经济学》课堂上，反复强调过网商企业对客服的打字速度有这样的要求，希望他们平时要去争取时间训练。

项目团队一般要设置一些后勤岗位，如财务人员，项目财务与公司财务不同，所需要完成的多数是平时流水帐及现金管理，财务报表相对简单，不象公司财务那么分工明细，会计出纳一手过，那么这个岗位的考核指标，可以这么来设定：资金周转——及时率、出错率；报表——及时率、出错率；计划工作——完成率；考勤指标。财务岗位更多的是不可量化的指标，比如说职业道德、敬业精神。

二、项目团队整体考核

对项目团队整体考核，可以根据项目阶段计划工作来设定。按项目计划展开的工作是细致明确的，将这些计划列出成为考核指标，再加上几个综合指标即可。

进度指标：计划完成是超前还是落后，计划完成率；业绩指标：计划完成率；成本指标：成本节约率；质量指标：产品合格率；安全指标：事故率。其他指标：劳动生产率——人均业绩；单位产品成本；人均费用。部分指标具体参考直接原因是否由不可控因素造成。

三、激励

基于项目的责权利对等原则，将考核结果与利益挂钩，也就是依据考核结果来计发奖金，是多数企业普遍采取的办法。对于项目团队总体来说，是计提一个项目奖金总额下来，再由项目经理按事先制定的分配方案进行二次分配。

项目分配方案则依据对个人的考核指标来制定，方案要体现公平合理，而且大家接受，在项目启动之前应该制定一个初稿暂时执行，在磨合阶段应该调整好，正规化运作阶段严格执行，不能变动太大。

二次分配的特点，就是总量控制，如何“一碗水端平”还真考验人，给某个人加奖金意味着对其他人减少奖金，故扣罚与加奖都需要把握好分寸，作者在课堂上举了个例让大家来选择，就是这么来举的：项目总人数 10 人，某月奖金总量 20 000 元，根据工作情况其中一个人表现突出，准备追加 1 000 元奖金，看大家意见。多数人赞成，但作者认为不可，理由很简单，就是一个人高兴了，而九个人不高兴，打击了多数人的积极性，总体上打击了士气，工作是不能靠一个人去完成的。具体操作上应该这样：二次分配的时候，应该留有余地进行累积，到年终或者季度考核的时候，对平时表现比较突出的员工适当拉开距离计发年度奖或季度奖，对于月度不宜这样做。

激励可以选择的措施不仅是奖金分配这种物质手段，还有晋升机会，部分成员参加项目管理工作的目标是为了积累知识，期望晋升，有这些需求的成员，创造机会还是不给机会将很大程度上影响他们的积极性，需要积极去发掘。

提供一些福利、安排集体活动、与当地联谊等，都是可以适当开展的，现场工作平时一般都紧张，用这些措施来调剂下，对团队精神建设很有帮助，这就是近年来拓展训练迅速发展的原因所在。

6　社会实践与社会调查报告(毕业设计)

大学生都得参加毕业设计和毕业实践,形成毕业论文,经过评审合格,才可毕业,这是在校期间所学知识与社会实际进行结合运用的综合考验。通过毕业实践让学生体验在校掌握的知识在实际工作中如何应用,也考验学生的工作态度。在校期间,也安排多次专周实训,有机会让学生参加社会实践,每次实践后,也要求做社会调查报告。

多数学生毕业后选择的是就业,而按学校教学计划,毕业前的毕业实践,是顶岗实习的阶段,从某种意义上来说,就是就业的开始了,只要企业环境适合自己,可以选择长期工作下去,就业可以从成熟企业运作过程中学到更多的知识,也有个稳定的经济来源,同时可以有个平台来发挥,这样的创业属于就业中的创业,所需要做的是,适应岗位要求使工作能力得到认可,不断提高自身技能,开创一个适合自己的事业。简单地说,就是站稳脚跟,开创事业。

本章需要掌握的知识:

1. 了解社会实践与社会调查报告(毕业设计)的关系,理解其重要性;
2. 掌握不同企业开展社会实践的切入点及应该注意的问题;
3. 掌握毕业设计的选题;
4. 掌握社会调查报告(毕业设计)的编写办法及要求。

6.1 社会实践

社会实践选择的企业,将会处于企业生命周期的不同阶段,企业生命周期不同阶段政策、策略都有重大的不同。参与创业项目实习,也同样在项目不同阶段存在不同的要求,我们需要识别这两个特征,做好准备,保证毕业实践质量。

6.1.1 企业生命周期不同阶段社会实践

企业,也是从项目公司出发,不断发展过来的,其发展历程,在不同阶段将表现出不同特点,对学生参与实习也存在不同的诉求或期望。

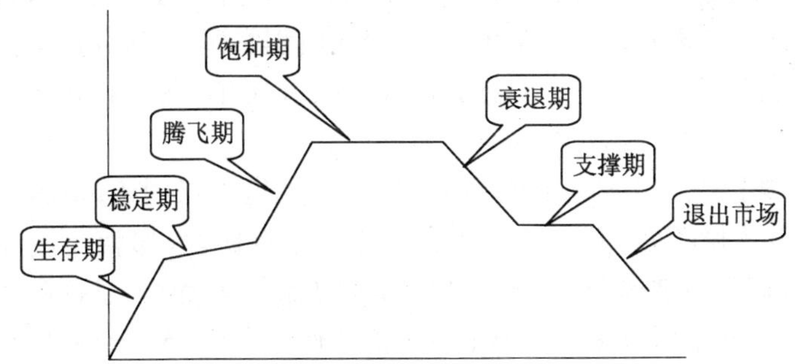

从上图可以看出,企业处于不同发展阶段,公司的政策将会有很大的不同,我们来看看各阶段有什么特点。

一、企业生存期

公司主要考虑的是如何让企业在最短时间内创造最大的效益,以便在市场中站稳脚根,确定自己的市场,这时企业会重点考核三个指标:低成本,高利润,还要有规模。对于人才使用方面的诉求是:聘请过来帮忙赚钱,不会花时间去培训新人,对于这类企业通常情况下是不招实习生的，但为追求低成本，某些公司也会考虑适当聘请一些实习生，比如财务、美工、客服、文案、理货、打包、发货、一线业务员等。

公司缺少培训条件，多数事情要靠自己去发挥，经常会听到老板讲一句话，“搞定就行，我只管结果”，属于典型的粗放型管理。企业在用人上，恨不得一人当两人用，要求一专多能，样样兼顾，工作时间内一刻也不让人闲下来，最好是帮公司无偿加班加点外加无私奉献。

进到这种企业实习，可以在短时间内学到一家公司总体运作流程，所有工作老板都直接看到，有时还会亲自指导，这种机会可以锻炼出独挡一面的将才，但要求工作态度要到位，不怕苦不怕累，只求站稳脚根，以期下步开创事业。笔者的一位学生去到一家物流公司实习，从经理到员工都得亲力亲为搬货，企业虽然存活十年，仍然是这种运作模式，这时学生就心存疑虑：在这里打工，是否有前途呢？笔者建议该学生，先将公司流程掌握，再研究这家公司存活这么多年的道理，当这两方面掌握后，就可以另行择业或直接创业了，学生听着有理，继续实习中。

学生出去实习，不能频繁换工，换工就得重新创业，积累不到知识和人脉关系，万一选择的企业处于生存阶段，那就要做好准备，快速学习掌握全面运作一家公司的知识，“小而全”是这些企业的特点，几乎所有工作环节都有可能让你去参与，除了企业核心秘密之外，都有机会学习，其实也是一种难得的经历，毕业实践如果到这种企业，会更加锻炼独立处理能力，培养创新精神，但就是缺少约束，对今后进入大公司工作，可能需要更长一段时间来适应。即使以后自主创业，也会多一份桀骜不训的风格。

二、企业稳定期

公司达到一定规模，生产销售稳定，短时内难以突破也不会滑落，这时企业考虑的是“练内功”，以期有机会发展后适应新的模式。

规范化管理安排到日常工作中来，做事讲究的是按规范要求去做，自然就会达到预期的结果，公司刚从生存期过来，管理制度开始进行完善，政策改变是正常的，比较多的企业引进ISO9000标准建立质量体系，实施并进行认证的过程，是一个比较长的时间过程，在这过程中，要建立新的运行机制，将对公司进行全面分析调整，有的甚至于推翻以前的操作流程，重建新的流程。

对于实习生来说，平时见不到老板，只有部门经理或主管，他们的指示是按分工的工作去做，要符合要求。由于企业分工比较细，实习过程中接触的仅是安排工作的某个环节，重复性工作比较多，企业人才多，老员工也多，培训有一定的培训条件，公司需要储备人才，人力资源管理制度开始规范化，工作约束比较多。到这类企业工作，可以学到科学管理、规范管理，对每项工作的严谨要求，这里可以锻炼人的执行力以及对重复性工作的耐性，自由度比较低。广东理工职业学院曾安排学生前往中山市力泰音响公司实习，顶岗音响总装生产线工人，工作时间10小时，分两班作业，由于分工明细，每个人在生产岗位上只做一项装配工作，简单重复的工作容易上手，也让部分人做几天后感觉无聊，大多数学生表现很好，好学向上，生产效率也高。他们不能掌握整个生产及物流流程，只能在一个岗位上掌握一项熟练操作技能，做到业有专攻。

这类企业提供了严格遵守纪律的培训，提供掌握一门技术的业有专攻，在一个点上发挥作用，当然，中间可以通过调岗，从而学到多门技术，这个安排需要尊重企业的计划。多数这类企业在培养销售人员的计划中，生产第一线各环节都需要去待一段时间。

广东纯晶玻璃有限公司是一家专业生产高档化妆品玻璃瓶的生产厂家，定位高端市场，到目前为止，是国内最高档次化妆品玻璃瓶做得最好的企业，在高端市场占有明显优势的份额，对产品质量的要求近乎苛刻。对销售人员的培养就是这样的计划，所有销售人员必须在生产线上工作两到三年，熟悉生产流程各环节、节奏、批量要求、整批生产周期、不同类型生产线的特点、模具特点，以至于懂得核算不同批量不同款式化妆品玻璃瓶的成本。具备这些知识之后，才调往销售部门从客服做起，由销售经理带一段时间才独立开展工作。大学生实习进入该企业的话，不可能即时让其切入销售部门，必须得先到生产厂锻炼两三年，这种情况，多数学生是难以承受这么长时间的基层锻炼的，故而这家企业多年来，销售部门的人员非常稳定，也不会大规模扩大营销人员队伍，销售团队的发展是精挑细选。这也是由该企业为生产厂家、顾客是化妆品生产厂、顾客数量不多的特点决定的。

这类企业还有一个特点：公司稳定，人才充足，不需要大规模扩张，个人出位及晋升面临的竞争很大，努力钻研，在工作中虚心向有经验的老员工学习，不断提升自己能力，先站稳脚根，再图谋得到认可，默默耕耘，金子总会发光。如果知难而退，很多情况下会让人半途而废，另谋高就。要么就是意志消沉，丧失斗志。需要我们将眼光放得更远，朝既定目标坚定走下去。

三、企业腾飞阶段

企业腾飞阶段的特点是企业快速发展，市场快速增长，人才需要量很大，临时性用工量大又集中，工作量大，工作时间长。

近几年涌现的网商企业，就是这些企业的代表，广州羊皮堂贸易有限公司就是其中一家公司，“Mr. ing”淘品牌，2005 年成立，从 2008 年开始至今一直是男鞋类目的第一名，目前已经在全国各地一线城市发展实体加盟店。2010 年 11 月 7 日，广东理工职业学院派出电子商务及计算机应用专业共 27 名同学前往顶岗实习，见证了该企业“双十一”第一次日销售额 1 000 万元的历史新记录，在此后的实习中，在客服、物流、设计等部门岗位安排了学生，让学生充分得到锻炼，到顶岗实习结束后，企业留下了 8 名学生转为正式职工，目前这批学生都已经成为该企业的骨干。

这类企业的特点是快速发展,公司前景好,机会多,把握时机可以有大的发展,很快可以开创一项事业。随着电子商务的快速发展,电子商务方面的企业将在近几年大规模井喷出来,传统企业转型做电子商务也会有长足的发展,需要的人才以电子商务、物流为主扩展至相关的岗位,人才需求缺口仍十分明显。但目前出现另一个问题,随着电商人才不断提供出来,电商企业招聘人才时,对能力识别方面也无统一的标准,近年淘宝大学、阿里学院、百度营销大学等相继推出培训认证课程,作为第三方认证证书,向网商企业提供一种能力保证信用。建议有志从事电商、物流相关行业的同学,在毕业前争取考取相关证书,以在众多学生争夺的热门企业热门岗位上,脱颖而出。

进入这类企业实习,往往由于发展迅速、扩张过快而用人过度,或拔苗助长,实习生经过简单培训即安排去重要岗位,时有发生,这时我们需要有冷静审视的态度,在没把握的情况下,不可冒进,做到积极而稳妥,做自己能做的事,做自己擅长的工作。

广州骆驼服饰企业也是这类优质企业,这家企业有更大的规模,2013 年"双十一"大促,就需要从事发货、包装等临时物流人员 500 名,待遇比较合适,工作时间长达 14 个小时(包括两餐饭用餐时间),时间要求 8 日报到,9 和 10 日进行为期两天的培训,11 日至 17 日做物流工作,优秀的可以入职相关岗位,由于教学计划的问题,没能落实到机会,类似机会,以后还会有,但对于应届学生来说,已经失去一个百年难遇的时机。

四、企业饱和阶段

企业进入饱和阶段,业务上已不再有可能向前发展,市场规模已经到顶,一有风吹草动就可能随时进入衰退阶段,企业做守势准备,经营年景不好的时候,裁员是经常采用的措施,而被裁的对象要么就是年纪大的员工,要么是技术技能落后的员工,要么就是非熟练员工,建议大学不宜选择这类企业就业。

所有员工为保饭碗，已经不可能将自己所长传授给人，印证“教会徒弟，饿死师傅”，这种形势是进去后学不到知识，还时刻面临着企业裁员被裁到，被迫另行创业。

综上所述，腾飞的企业，大家争相进入，入职门槛会被不断提高，需要多准备“绝招”来取得优势，“绝招”来自专业课程，也来自磨炼，竞争会越来越激烈，人员淘汰以“不进则退”为标准。生存阶段的企业，需要一专多能，任劳任怨，无私奉献，不计得失，吃得了苦。稳定发展阶段的企业，需要承受得了约束，受得了寂寞，受得了简单重复的工作。

6.1.2 项目不同阶段的社会实践

矩阵式组织形式，公司处于生命周期不同阶段，所承接项目将有所不同，而每个项目又有不同的阶段，在项目不同阶段切入，所应该做的毕业实践将有所不同。

项目组建及磨合阶段切入，大家都是新的，不管公司老员工也好，实习生也好，都是新组建，这时大家都要从新的环境入手，每个成员都要相互尊重、相互迁就一些，对于实习生来说，是最后切入的时机。老员工新环境，他们本身也需要调整自己以适应新的运作机制，还是比较容易接受新事物、新思路，即使到磨合阶段，企业老员工也会尊重项目新安排来的人员，而实习生一般会安排主管带，他们希望出业绩，就得自己出业绩的同时训练实习生也做得好。如果有这种百年一遇的机会，应该好好把握，相信比较容易实现个人创业目标。

项目组建及磨合期切入是最佳时机，还要看投资的公司处于生命周期的哪个阶段。企业在生存期投资建设的项目，一般来说，管理还比较粗放，项目管理也一样会是粗放型的，对个人的考核，只重业绩而不重过程的规范性，一切以业绩来衡量，工作时间上灵活，没人有时间带新人。进入稳定期投资的项目，除了讲业绩，还要讲过程的规范，更多考核工作质量，公司也会花些精力创造些条件来做新人培养，以作为人才储备，工作时间严格要求。腾飞期投资的项目，由于项目迅速扩张，要求自律的前提下，讲市场占有率，抢地盘，也讲业绩，没人有时间带新人，公司资本充足支持发展，这时要注意作为新人也可能随时派上大用场，委以重任这种情况下，能力及经验尚浅，要多向老员工请教学习，稳妥推进，切忌冒进。

项目正规化运作及高效运作阶段，顶岗实习的切入就跟去一家公司实习一样，项目运行机制已经稳定，新人并且是学生实习，要谦虚好学才行，埋头若干是应该的，而总有人带着。具体如何做看前一节。

6.2　社会调查报告与毕业设计(论文)

参与短期企业实践的调查报告，与毕业设计相类似，但相对简单。以下以毕业设计的要求描述，社会调查报告参照编写。

6.2.1　毕业设计(论文)的目的

毕业设计(论文)是学生整个学习过程中一个极其重要的教学环节，也是培养学生综合运用专业基础理论、基本知识和基本技能分析解决实际问题能力以及提高学生动手操作能力的一个重要手段。它是学生修读完专业课程后，综合运用所学知识分析和解决实际问题的集中体现，是对各个先修教学环节的继续深化和检验，也是学生获得毕业证书的必要条件。

毕业设计(论文)这一重要的实践环节，对于培养学生初步的科学研究能力，提高其综合运用所学知识分析问题、解决问题能力，培养学生的效益意识、全局观念和团队协作精神乃至语言表达和撰写技术报告(或论文)的能力有着重要意义。作为大学生而言，毕业设计(论文)是完成学业的标志性作业，是所学知识的总结，是综合能力的检阅。创造性地综合运用所学基本理论和技能，独立完成本专业范围内项目设计或专业工作是一个高校毕业生走向社会应具备的基本条件。

而基于毕业实践就业企业处于生命周期的不同阶段，所参与的工作将有不同特点，要将专业知识给合到实际工作中，加以创造性运作，毕业论文就是要将这过程加以总结，要写所做，同时还需要总结经验。

我们需要有针对性地分析企业不同阶段的毕业实践，所写论文应该侧重于哪些方面，针对不能用业绩来衡量的工作，又是如何表达工作质量达到什么程度。

6.2.2 毕业设计（论文）的选题

毕业设计（论文），实践性很强，需要在参加毕业实践的过程中，先行进行规划，毕业实践的计划一般由企业事先设计，学生入职适当调整，通过实践，将过程和结果与计划进行检查，再总结编写。

毕业设计（论文）又具有综合性，综合性是指从专业的发展状况出发，充分反映现代管理理论、系统科学方法和信息技术的有机结合，同时又以入职毕业实践的具体行业具体产品为基础，依据企业现存生产流程来综合应用所学的各方面知识。

以电子商务专业为例，毕业设计（论文）选题需要做以下几方面工作：

1. 从电子商务系统建设方面选题，要掌握电子商务系统规划、系统分析、系统设计、系统实施、系统维护与管理的理论、方法和技术的研究与应用，以及电子商务系统的建模、仿真、优化的理论、技术和方法的研究与应用。

2. 从电子商务服务提供商的角度选题，要研究电子商务中的信息资源管理理论和方法的研究与应用。

3. 从电商企业运作方面选题,需要掌握电子商务中的预测、决策技术与方法的研究与应用,对各种交易形式深入了解,熟悉项目运营。

6.2.3 电子商务专业毕业论文参考题目

毕业设计(论文)可以在课程设计的基础上对其内容进行拓展和延伸,毕业设计(论文)的选题可以在指导教师的指导下完成,具体选题可参考如下题目。

编号	题　　目	分类
1	××× B2C 电子商务交易平台运作方案	管理
2	×××连锁商场 O2O 交易形式电子商务系统的方案研究与实现	技术
3	×××网上厨房用品店电子商务系统的分析与设计	技术
4	×××网上拍卖系统的分析与设计	技术
5	×××网上家具店电子商务系统的分析与设计	技术
6	××× 团购网建设维护及运作方案	管理
7	×××公司网上汽车销售系统的分析与设计	技术
8	×××产品网销方案策划与实施	管理
9	基于某交易平台的人才交流网的设计与实现	技术
10	×××商场(公司)的电子支付系统的研究与实现	技术
11	基于微信的移动商务方案	管理
12	B2B 电子商务网上订购系统关键技术的研究与实现	技术
13	服务产品 O2O 整体运营方案探讨	管理
14	一个化妆品销售网站建设	技术
15	中小企业“进、销、存”电子商务解决方案	管理
16	×××品牌产品供应链管理整合方案	管理

续表

编号	题　　目	分类
17	×××高端降血脂食品系列营销策划方案	管理
18	基于网络数据库的电子商务交易平台的设计和实现探索	技术
19	×××连锁企业物流服务系统的设计	物流
20	B2B 配送网络建立模式探索	物流
21	电子商务环境下第三方物流企业业务模式的研究	物流
22	交通运输企业电子商务系统的构建	物流
23	快递业务终端建设方案	物流
24	传统企业电子商务化经营策略与经营模式探讨	管理
25	中小传统企业增开电子商务市场的策略选择	管理
26	新能源汽车销售电子商务策略研究	营销
27	移动支付系统的实施探讨	金融
28	投资理财产品网络营销方案	金融
29	电子商务中的通讯协议	技术、安全
30	多功能手机的 APP 应用技术开发	技术
31	基于 Internet 的代理技术在电子商务中的应用	技术、安全
32	×××商场电子商务系统中的客户管理	管理
33	×××商场电子商务系统中的供应商管理	管理

注:学生选题时也可以不局限于上述题目,可以根据自己的情况选择自己熟悉的背景或易于调研的问题,优先选择顶岗实习过程中的课题。

6.2.4 毕业设计(论文)的部分参考资料

包括以下但不限于:

1. 广东广播电视大学“电子商务”专业方向毕业设计(论文)指导书(登录到网站:http://open.gdrtvu.edu.cn/后,选择《电子商务概论》课程中的内容)。

2. 各类有关期刊、专业技术杂志的论文(可以到省电大数字图书馆的“中国期刊网”上查找)。

3.《网络营销实务》张劲珊、邓文安、游静编著,中央广播电视大学出版社,2013 年 9 月第 1 版,书号:ISBN 978-7-304-06219-4,定价:33.00 元。

4. ISO9000:2008 系列标准 GB/T19000:2008《质量管理体系——要求》

5.《中华人民共和国中小企业促进法》

6.2.5 毕业设计(论文)的总体要求

1. 要求学生必须充分认识毕业设计(论文)的重要性,严格按要求开展毕业设计(论文)工作,努力学习、刻苦钻研、勇于创新、勤于实践,保质保量地完成毕业设计(论文)任务书所规定的任务。在指导教师的指导下,做好电子商务网站设计规划与制作以及毕业论文写作所需资料的搜集工作。

2. 尊重指导教师,虚心接受指导教师的指导和检查,定期向指导教师汇报毕业设计(论文)进度情况。

3. 毕业设计(论文) 任务应包括资料阅读、对实际问题的调查分析、用户调查与分析、数学模型或逻辑模型的建立或分析、问题的解决方案或实现方法与技术的研究、拟定并实施设计方案、设计制作、设计报告书撰写、总结以及对求解与实现结果的分析评价等工作环节。

4. 毕业设计(论文)要在本专业中选择有价值的课题,尽量在毕业实践中选题,对所研究的课题有新的见解,并能表明作者在本门学科上掌握了坚实的基础理论和成熟的操作技能,具有开创性工作的能力。课题最终由指导小组审核确定。

5. 毕业设计(论文)任务必须由学生本人在指导教师指导下独立进行,要求学生独立完成毕业设计(论文)任务书规定的任务,充分发挥主动性和创造性,严谨求实,杜绝抄袭,树立良好的科学作风,培养良好的学术道德。

6. 毕业设计(论文)必须有进度要求、有明确的阶段成果,指导教师要定期进行检查。此外,毕业设计(论文)任务应有一定的工作量要求。

6.2.6 毕业设计(论文)写作的基本要求

1. 毕业论文是对毕业设计工作的总结,是考察学生毕业设计的主要依据,应由学生独立完成,同时结合毕业实践过程来写,所写内容应该能反映毕业实践的工作经历。

2. 论文要求概念清楚、内容正确、条理分明、语言流畅、结构严谨,符合专业规范。论文写作过程中如参考了有关资料,应采用脚注的形式注明有关资料或观点的来源。

3. 毕业论文的内容重点应放在自己所做的工作上,要突出自己的工作特点、自己的思路和自己的做法,切忌大段地抄书和叙述与自己所从事的工作无关或关系不大的内容。

4. 毕业设计(论文)的撰写格式和表述规范另作规定,要求有电子文档,并根据要求进行排版,软件版本应该用最低(目前用word 2003),以便其他人用不同版本软件打开,用16K或A4纸双面打印。毕业设计(论文)和毕业设计任务书要求打印一式三份,并装订成册存放在学生的毕业设计(论文)档案袋中。

5. 在毕业论文的设计和写作过程中,学生发给指导教师的各种电子文档或其他有关毕业(设计)论文的资料，必须注明专业、班级和姓名，对于一些重要的毕业论文资料，必须确认收到回执才能被视为指导教师已经收到，否则学生应多发几次，直到收到回执为止。

6. 与毕业设计有关的全部文件和资料(包括所设计打包的系统文件或安装文件、源代码文件、毕业设计论文(或系统使用说明书)的电子文档、毕业设计任务书以及其它相关文档等)应刻录在一张光盘上交给指导教师，作为毕业设计(论文)的主要成果依据，并存放在学生的毕业设计(论文)档案袋中。

7. 毕业论文要严格按照规定的顺序进行装订，装订的顺序为：封面→论文题目→毕业设计任务书→中英文摘要(含关键词)→目录→引言(或前言)→正文→结论→致谢→参考文献→附录。

8. 毕业设计(论文)的写作应有一定的工作量要求，主要从网站的设计目标、系统分析、基本功能设计和分析、网站结构设计等方面进行规划。一般要求论文正文内容的字数不少于 5 000～8 000字。

6.3　毕业设计(论文)表述规范

撰写毕业设计(论文)是学生完成毕业设计(论文)任务的最后一个环节，也是提高学生书面表达能力的一个重要实践环节，为使学生在撰写毕业设计(论文)时有参考依据，特修订本规范。

6.3.1　毕业设计(论文)的前置部分

一、封面

由学校按统一格式制定。一般包含：毕业设计(论文)题目、学生姓名、专业班级、指导教师姓名和职称、时间(年、月、日)等内容。

二、题名

毕业设计(论文)的题名,即毕业设计(论文)的选题名称。要求以最恰当、最简明的词语反映说明书中最重要的特定内容的逻辑组合,做到文、题贴切。题名中不使用非规范的缩略词、符号、代号和公式,通常不采用提问的方式,更不能使用不规范的网络语言。

题名的字数一般不超过 20 个字,题名一般取居中编排格式。

三、摘要

摘要是毕业设计(论文)的内容不加注释和评论的简短陈述。摘要主要是说明研究工作的目的、方法、结果和结论。摘要应具有独立性和自含性,即不阅读全文就能获得必要的信息。摘要中应用第三人称的方法记述毕业设计(论文)的性质和主题,不必使用“本文”、“作者”等作为主语,应采用“对……进行了研究”、“报告了……现状”、“进行了……调查”等表达方式。书写要合乎逻辑关系,尽量同正文的文体保持一致。摘要的结构要严谨、表达要简明、语义要确切,一般不再分段落。

毕业论文的中文摘要以 300～400 个左右的汉字为宜,简要说明毕业设计(论文)工作的主要内容,并译成英文。

四、关键词

关键词是为了文献标引,从论文中选取出来,用以表示全文主题内容信息款目的词语或术语。为了便于索引,一般列出 3～5 个高度反映论文主要内容的词汇,并译成英文。

关键词的排序,通常应按研究的对象、性质(问题)和采取的手段排序,而不应任意排列。关键词后面不加冒号,关键词与关键词之间应留出一个汉字的空隔,不加任何标点符号。

关键词应另起一行,排在摘要的左下方。

五、目录

目录由毕业设计(论文)说明书各部分内容的顺序号、名称和页码组成,另页排在“摘要”之后。目次应该用“……”联系名称与页码。

6.3.2 毕业设计(论文)的主体部分

一、引言(前言或绪论)

引言(前言或绪论)主要说明设计工作的目的、范围、对前人工作的评述以及理论分析、研究设想、研究方法和实验设计、预期结果和意义等;简要介绍所从事的课题的目标、背景和任务;所研究的领域概况,已有的结论、成果以及存在的问题;本课题研究的主要内容及意义;如果是合作研究任务,应说明本人的工作内容以及在整个课题中的作用和关系。

该部分应有一定量的文字叙述,如有必要可单独编成第1章。

二、正文

正文是毕业设计(论文)说明书的核心部分,占据主要篇幅。正文的基本内容可包括:调查对象、实验和观测方法、仪器设备、实验和观察结果、计算方法和编程原理、数据资料、图表、形成的论点和导出的结论等。主要详细阐述学生本人在毕业设计(论文)中的独立工作内容,包括:

1. 毕业设计(论文)工作中的主要难点及解决办法;
2. 工作过程采用的方法、分折解决问题的思路;
3. 主要的成果和结论。

正文部分必须结合毕业实践实际或其他选题研究,做到客观真实、准确完备、合乎逻辑、层次分明、简练可读。在毕业设计(论文)中,学生最具特色的具有创新或独到见解的内容要进行详细的阐述和说明,要体现出学生在毕业设计(论文)中独立思考、研究的成果以及对于本专业领域的新体会和认识。（这部分内容如单独列出有所不便，亦可并入“毕业设计（论文）的基本内容”中进行阐述）。

正文的每一章、条的格式和版面安排，要求按规定的次序编排，且层次清楚。

论文中的章、节编号统一采用如下格式：1 ，1. 1，1. 1. 1，1. 1. 1. 1。这个可以在 Word 文档的标题模式中进行多级标题设置来实现，并且可以很方便形成自动文档目录。正文中图、表编号格式为：图 i. j（表 i. j）。其中“i”为所在章的编号，“j”为所在章内图（表）的顺序号。附录格式为：附录 A、附录 B、附录 C。附录中图（表）格式为：图 Ai（表 Ai）、图 Bj（表 Bj）。

正文中的图、表、附注、参考文献、公式、算式等，一律用阿拉伯数字分别依序连续编排序号。序号可以就全篇说明书统一按出现先后顺序编码，对篇幅较大的说明书也可以分章依序编码，其标注形式应便于互相区别，可以分别为：图 1、图 2. 1；表 2、表 3. 2；附注 1）；文献〔4〕；式（5）、式（3. 5）等。

（一）图

正文中的图主要包括示意图、图解、框图、流程图、记录图、布置图、照片等。图要有图号及简短、确切的题名，居中置于图下。图要求有“自明性”，使得只看图、图题、图例，就可以理解图意。要先见文，后见图。图在正文中不能跨节排列。

（二）表

表的编排，一般是内容和测试项目由左向右横读，数据依序竖排。表应当有“自明性”。要有表号、表名及必要的说明，居中置于表的上方。表中文字、符号的字体应比正文小一号。表格一般取三线制，即上、下底用粗实线，中间一条为细实线。对于比较复杂的表格，可适当增加横线和竖线。

表格应简明扼要。表的题名应当反映表的内容，表格应具有足够的完整性,即不参见全文即可理解表格的含义。表中不应出现文中所没有叙述的新信息。一些细节可放在脚注中,不放入表内。表格切忌与图、文字重复表述。

(三) 文中使用的单位与量的问题

小数点符号为“.”,是齐底线的黑圆点。用阿拉伯数字表示的数值可与单位符号相结合,例如“5 m”。避免诸如“五 m”和“5 米”之类的组合。数值和单位符号之间应空四分之一个字的间隙。阿拉伯数字表示数值范围时,使用波浪或连接号“～”。

(四) 文中使用的数与数值的表示

在统计表中数值,如正负数、小数、百分比、分数等必须用阿拉伯数字。示例:48,－125.03,34.05%,63%～68%,2/5,1∶500。

表示非物理量的数,数字一至九宜用汉字“一”、“二”……表示,大于九的数字一般用阿拉伯数字表示。

对于多位整数与小数,应从小数点符号起,向左或向右每三位数字一组,组间空四分之一个字的间隙。示例:23 456,2 346,2.345 6,2.345 67。

为了清晰起见,数与数相乘,应使用“×”符号,而不使用圆点符号。示例:写作 1.8×10^{-3}(而不写作 $1.8\cdot10^{-3}$)。

公历世纪、年代、年月日应当用阿拉伯数字表示。示例:1994 年 10 月 1 日,20 世纪 90 年代。

年份一般不用简写。如 1990 年不应简写作“九〇年”或“90 年”。

引文著录、表格、索引、年表等的年月日的标记可用扩展格式。示例:2001 年 10 月 1 日可写作 2001－10－01;又例:2002 年 6 月 30 日可写作 2002－06－30。

三、结论

结论是文章的最终的、总体的结论,应当准确、完整、明确、精练。如不可能导出应有的结论,也可以没有结论而进行必要的讨论。可以在结论或讨论中提出建议、研究设想、尚待解决的问题等等。这部分,应该侧重写毕业实践的收获,包括取得的经验和教训,进行毕业实践的总结。

四、致谢

向某某基金会、合作单位、资助或支持的企业、组织或个人致谢;向协助完成研究工作,提供便利条件的组织或个人,提出建议和提供帮助的人致谢;向给予转载和引用权的资料、图片、文献、研究思想和设想的所有者致谢;向其他应感谢的组织或个人致谢。

五、参考文献

正文后的参考文献著录规则是论文的重要组成部分。所列出的参考文献,应当是作者亲自阅读或引用过的,不应转录他人文后的文献。在写资料的出处时,一定要亲自每篇核实,不要出现任何的差错。指导者与评阅者理应进行核实查对,以保证其真实、可靠。所引用的文献,应是公开刊物,内部刊物一般不引用。

参考文献应列出在整个毕业设计(论文)活动中所直接参考过的资料。参考文献一般应在 6 篇以上,其中至少有 1 篇为英文资料。参考文献的标注和写法规范如下:

(一) 正文中参考文献的引用表述方法

在正文中,引用文献资料论述某个观点时,应在所引用段落或句子的右上角,用方括弧进行角注,并用阿拉伯数字注明资料的出处。正文中每引用一次文献资料,角注时应用 1,2,3……阿拉伯数字按先后次序分别排序。如:××××××[1];××××××[2];……。如引用两篇或两篇以上文献资料论述同一个观点时,应在所应用段落或句子的右上角方括弧中用以下方法注明,如:××××××[4,5];××××××[6－8]。

正文中进行角注的数字序号应与文后参考文献表中所列出的文献资料序号相对应。

题名、摘要、关键词、目录等中不出现文献的角注。

(二) 正文后参考文献的编制规范

参考文献是对期刊论文引文进行统计和分析的重要信息源之一,在本规范中采用 GB 7714 推荐的顺序编码制格式著录。

参考文献著录项目:

① 主要责任者(专著作者、论文集主编、学位申报人、专利申请人、报告撰写人、期刊文章作者、析出文章作者)。多个责任者之间以","分隔,注意在本项数据中不得出现缩写点"."(英文作者请将作者名写全)。主要责任者只列姓名,其后不加"著"、"编"、"主编"、"合编"等责任说明。

② 文献题名及版本(初版省略)。

③ 文献类型及载体类型标识。

④ 出版项(出版地、出版者、出版年)。

⑤ 文献出处或电子文献的可获得地址。

⑥ 文献起止页码。

⑦ 文献标准编号(标准号、专利号……)。

参考文献类型及其标识

根据 GB 3469 规定,以单字母方式标识以下各种参考文献类型:

参考文献类型	专著	论文集	报纸文章	期刊文章	学位论文	报告	标准	专利
文献类型标识	M	C	N	J	D	R	S	P

对于专著、论文集中的析出文献,其文献类型标识建议采用单字母"A";对于其他未说明的文献类型,建议采用单字母"Z"。

对于数据库(database)、计算机程序(computer program)及电子公告(electronic bulletin board)等电子文献类型的参考文献,建议以下列双字母作为标识:

电子参考文献类型	数据库	计算机程序	电子公告
电子文献类型标识	DB	CP	EB

电子文献的载体类型及其标识

对于非纸张型载体的电子文献，当被引用为参考文献时需在参考文献类型标识中同时标明其载体类型。本规范建议采用双字母表示电子文献载体类型：磁带（magnetic tape）——MT，磁盘（disk）——DK，光盘（CD-ROM）——CD，联机网络（online）——OL，并以下列格式表示包括了文献载体类型的参考文献类型标识：

[文献类型标识/载体类型标识]

如：[DB/OL]——联机网上数据库（database online）

[DB/MT]——磁带数据库（database on magnetic tape）

[M/CD]——光盘图书（monograph on CD-ROM）

[CP/DK]——磁盘软件（computer program on disk）

[J/OL]——网上期刊（serial online）

[EB/OL]——网上电子公告（electronic bulletin board online）

以纸张为载体的传统文献在引作参考文献时不必注明其载体类型。

文后参考文献表编排格式

参考文献按在正文中出现的先后次序列表于文后；表上以“[参考文献]”（居中）作为标识；参考文献的序号左顶格，并用数字加方括号表示，如[1]、[2]、……，以与正文中的指示序号格式一致。参照 ISO 690 及 ISO 690-2，每一参考文献条目的最后均以“.”结束。各类参考文献条目的编排格式及示例如下：

（1）专著、论文集、学位论文、报告

[序号] 主要责任者. 文献题名[文献类型标识]. 出版地：出版者，出版年. 起止页码（任选）。示例如下：

[1] 刘国钧,陈绍业,王凤翥. 图书馆目录[M]. 北京:高等教育出版社,1957. 15 - 18.

[2] 辛希孟. 信息技术与信息服务国际研讨会论文集:A 集[C]. 北京:中国社会科学出版社,1994.

[3] 张筑生. 微分半动力系统的不变集[D]. 北京:北京大学数学系数学研究所,1983.

[4] 冯西桥. 核反应堆压力管道与压力容器的 LBB 分析[R]. 北京:清华大学核能技术设计研究院,1997.

(2) 期刊文章

[序号] 主要责任者. 文献题名[J]. 刊名,年,卷(期):起止页码。示例如下:

[5] 何龄修. 读顾城《南明史》[J]. 中国史研究,1998,(3):167 - 173.

[6] 金显贺,王昌长,王忠东等. 一种用于在线检测局部放电的数字滤波技术[J]. 清华大学学报(自然科学版),1993,33(4):62 - 67.

(3) 论文集中的析出文献

[序号] 析出文献主要责任者. 析出文献题名[A]. 原文献主要责任者(任选). 原文献题名[C]. 出版地:出版者,出版年. 析出文献起止页码。示例如下:

[7] 钟文发. 非线性规划在可燃毒物配置中的应用[A]. 赵玮. 运筹学的理论与应用——中国运筹学会第五届大会论文集[C]. 西安:西安电子科技大学出版社,1996. 468 - 471.

(4) 报纸文章

[序号] 主要责任者. 文献题名[N]. 报纸名,出版日期(版次)。示例如下:

[8] 谢希德. 创造学习的新思路[N]. 人民日报,1998 - 12 - 25 (10).

(5) 国际、国家标准

[序号] 标准编号,标准名称[S]。示例如下:

[9] GB/T 16159－1996,汉语拼音正词法基本规则[S].

(6) 专利

[序号] 专利所有者. 专利题名[P]. 专利国别:专利号,出版日期。示例如下:

[10] 姜锡洲. 一种温热外敷药制备方案[P]. 中国专利:881056073,1989－07－26.

(7) 电子文献

[序号] 主要责任者. 电子文献题名[电子文献及载体类型标识]. 电子文献的出处或可获得地址,发表或更新日期/引用日期(任选)。示例如下:

[11] 王明亮. 关于中国学术期刊标准化数据库系统工程的进展[EB/OL]. http://www. cajcd. edu. cn/pub/wml. txt/980810－2. html, 1998－08－16/1998－10－04.

[12] 万锦坤. 中国大学学报论文文摘(1983—1993). 英文版[DB/CD]. 北京:中国大百科全书出版社,1996.

(8) 各种未定义类型的文献

[序号] 主要责任者. 文献题名[Z]. 出版地:出版者,出版年.

(三) 参考文献与注释的区别

参考文献是作者写作论著时所参考的文献书目,一般集中列表于文末;注释是对论著正文中某一特定内容的进一步解释或补充说明,一般排印在该页地脚。参考文献序号用方括号标注,而注释用数字加圆圈标注(如①、②……)。

7 案例精选

碧芬兰面膜网络推广方案

学校名称：广东理工职业学院
团队名称：翼梦青春
团队队长：陈晓红
团队队员：黄秀娜　梁聚祥　张达京　卢有兴
指导老师：黄榜捷
团体宣言：青春飞扬，所向披靡，Beyond the dream

一、前言

随着社会的迅速发展，人们的生活水平逐渐提高，面膜已成为人们日常生活中的常用品。

近来面膜产品网络销售发展迅速，各大名牌厂家纷纷推出面膜产品，几乎所有世界级名牌化妆品均有面膜在售，新品牌也异军突起，形成了越来越激烈的竞争，功能性产品也不断推陈出新，御泥坊、美即、我的美丽日记、菲娣、静佳、植美村等品牌占据了大部分市场份额。

碧芬兰面膜作为新推出市场的品牌，以淘宝网为销售窗口，面临的市场形势十分严峻，如何找到细分市场，采取措施，立足市场，正是我们团队所要做的方案。

我们将以自行推广和发展淘宝客和分销队伍、校园代理的总体思路开展碧芬兰面膜的线上线下推广，而校园代理则是给学生创造创业机会为宗旨，重点扶持学生创业或兼职。

二、队员策划分工安排

陈晓红（队长）：策划方案，工作分配，策划活动

梁聚祥　卢有兴（队员）：PPT 制作，管理网店、网络推广、网店值班

黄秀娜　张达京（队员）：资料收集整理，挖掘潜在顾客、发展代理、网店值班

三、碧芬兰面膜的介绍

补水保湿面膜

基本信息

补水保湿焕采面膜贴

产品功效

净化补水——迅速深入皮肤内层，祛除肌肤深层油脂、污垢，即刻补充肌肤大量水份，改善干燥、粗糙、缺水现象。

持久保湿——在肌肤表层形成透气的水脂膜，防止水份流失，活化细胞再生，24小时持久保湿肌肤。

完美贴合——国际先进剪裁技术，人体工学脸型设计，质感超凡，完美丰满脸型，随时随地都紧密贴合。

主要成分

珍珠

《本草纲目》中特别写道："珍珠涂面，令人润泽好颜色。涂手足，去皮肤逆胪；除面斑，解痘疔毒，令光泽洁白"

角鲨烷

最接近人体皮脂的脂类，能与人类的皮脂膜融为一体，形成天然的屏障。还能抑制皮肤脂质的过氧化，促进皮肤基底细胞增殖，延缓皮肤老化，改善并消除黄褐斑。

芦荟

增强皮肤弹性；保护皮肤粘膜，预防粉刺；预防雀斑和皱纹；洁净皮肤抗皮脂溢，预防化脓性皮肤病；润泽皮肤，防止老化；敛汗，除汗；

乳木果油

超强抗氧化效果，温和无刺激；蕴含丰富的极易于人体吸收的非皂化成分。深层滋润，防止干燥开裂。在肌肤表层形成保护膜，保湿、防晒防护功效显著。可保持肌肤自然弹性。

该产品主要成份：珍珠、芦荟、角鲨烷、乳木果油

功效：净化补水、持久保湿

主要卖点：

A. 所含乳木果油，是非洲特产，按目前所知，并没有第二个面膜产品含有此成份，乳木果油其独到功效非常显著。

B. 角鲨烷，也是市面上面膜产品少见的成份，其美容功效主要表现在高渗透性，为深层补水打下基础，同时还因跟皮肤有极好的亲和性，不会导致皮肤过敏和刺激。

净白莹采面膜贴

功 效

深层净白：强力渗透美白物质，深层清洁含黑色素的多余皮脂和污垢，发挥卓越净白功效，令肌肤白皙纯净。

舒缓压力：促进新陈代谢，舒缓肌肤疲惫压力，增强细胞活力和再生能力，令肌肤亮泽、光滑、细腻。

完美贴合：国际先进剪裁技术、人体工学脸型设计，质感超凡，完美丰满脸型，随时随地都紧密贴合。

源自科学配方

珍珠活性成份

珍珠是一种古老的有机宝石，产在珍珠贝类和珠母贝类软体动物体内，由于内分泌作用而生成的 含碳酸钙的矿物（文石）珠粒，是由大量微小的文石晶体集合而成的。根据地质学和考古学的研究证明，在两亿年前，地球上就已经有了珍珠。国际宝石界还将珍珠列为六月生辰的幸运石，结婚十三周年和三十周年的纪念石。具有瑰丽色彩和高雅气质的珍珠，象征着健康、纯洁、富有和幸福，自古以来为人们所喜爱。

明代李时珍认为珍珠的药效在美肤，在《本草纲目》中特别写道：“珍珠味咸甘寒无毒，镇心点目；珍珠涂面，令人润泽好颜色。涂手足，去皮肤逆胪；坠痰，除面斑，止泻；除小儿惊热，安魂魄；止遗精白浊，解痘疗毒。……令光泽洁白”等。同时，它还记载了珍珠药用的多种方法。

《中华人民共和国药典》及《中药大辞典》均指明：珍珠具有安神定惊、明目去翳、解毒生肌等功效，现代研究还表明珍珠在提高人体免疫力、延缓衰老、祛斑美白、补充钙质等方面都具有独特的作用。

芦荟

芦荟多糖和维生素对人体的皮肤有良好的营养、滋润、增白作用。尤其是青春少女最烦恼的粉刺，芦荟对消除粉刺有很好的效果。芦荟大黄素等属蒽醌甙物质，这类物质能使头发柔软而有光泽、轻松舒爽

免疫和再生作用：芦荟素A、创伤激素和聚糖肽甘露（Ke-2）等具有抗病毒感染，促进伤口愈合复原的作用，有消炎杀菌、清热消肿、软化皮肤、保持细胞活力的功能，凝胶多糖与愈伤酸联合还具有愈合创伤活性，因此，它是一种治疗外伤（出血性外伤、不出血性外伤）不留伤痕的理想药品。

抗衰老作用：芦荟中的粘液，是防止细胞老化和治疗慢性过敏的重要成分。

防晒作用：芦荟中的天然蒽醌甙或蒽的衍生物，能吸收紫外线，防止皮肤红、褐斑产生。

芦荟凝胶能增进疮伤的拉伸强度、增进疮伤治疗，促进愈合。

芦荟凝胶（Aloe vera gel）的皮肤渗透性很强，可以直达皮肤深层。

⊙美白　⊙保湿　⊙控油　⊙除痘

早在公元前14世纪，埃及皇后尼菲缇就使用芦荟美容，从而使她拥有细嫩洁白的肌肤和柔软光滑的头发。

海藻

在传统的中药里，几种褐藻经烹煮之后可用来预防及治疗癌症，这种热水抽出物主要成分是多糖类。

海藻性味咸寒，具有清热、软坚散结的功效。

1、海藻中含有大量的能明显降低血液中胆固醇含量的碘，常食有利于维持心血管系统的功能，使血管富有弹性，从而保障皮肤营养的正常供应。

2、海藻中的蛋氨酸、胱氨酸含量丰富，能防止皮肤干燥，常食还可使干性皮肤富有光泽，油性皮肤可改善油脂分泌。

3、海藻中所含维生素丰富，可维护上皮组织健康生长，减少色素斑点。

甘草

现代药理研究表明：甘草含甘草甜素、甘草黄酮类化合物甘草苋、甘草甙元及天冬酰胺、甘露醇等。甘草黄酮在美容化妆品中有多种功效。

甘草对皮肤、毛发有营养保湿作用，并对损伤的皮肤、毛发有修复作用，其抗氧化能力与维生素E比较接近。

甘草有免疫调节作用，外用可以防晒，增白消斑，防止皮肤粗糙等，预防黑斑，雀斑等黑色素沉淀，还有相当不错的杀菌消炎功能，对于敏感性肤质可预防感染、发炎的作用，美白肌肤和抗衰老。

第1，其具有抗炎、抗变态反应的作用，这主要来自于甘草酸铵—甘草酸及甘草次酸盐，还能抑制毛细血管通透性。

第2，肾上腺皮质激素样作用，甘草具有盐皮质甾醇样作用和糖皮质类甾醇样作用。其激素样作用的原理，有人认为是甘草次酸的化学结构与肾上腺皮质激素有相似之点，是一种直接作用，但也有人认为是间接作用，即甘草次酸抑制了肾上腺皮质甾醇类在体内的破坏，因而血中含量相应增加。

甘草黄酮加入复方美白祛斑液中，临床治疗下列皮肤问题：

1．"黎黑斑"；

2．使用各种化学制剂化妆品导致的接触性皮炎；

3．由身体血热偏盛，加之饮食不节、外邪侵袭、血郁痰结所导致的寻常性痤疮；

4．日光性及药物性皮炎；

5．由肾水不足外薄而致的雀斑；

6．皮肤损害自愈后遗留下之疤痕性或非疤痕性的色素沉着。

主要成份：珍珠、芦荟、甘草、维生素 C 衍生物

功效：保湿净白、深层除垢、防晒消斑、修复抗氧化、舒缓压力

A. 甘草

现代药理研究表明，甘草含甘草甜素、甘草黄酮类化合物甘草贰、甘草甙元及天冬酞胺、甘露醇等。甘草黄酮在美容化妆品中有多种功效。

甘草对皮肤、毛发有营养保湿作用，并对损伤的皮肤、毛发有修复作用，其抗氧化能力与维生素 E 比较接近。

甘草有免疫调节作用，外用可以防晒，增白消斑，防止皮肤粗糙等，预防黑斑，雀斑等黑色素沉淀，还有相当不错的杀菌消炎功能，对于敏感性肤质可预防感染、发炎的作用，美白肌肤和抗衰老。

第一，其具有抗炎、抗变态反应的作用，这主要来自于甘草酸铱——甘草酸及甘草次酸盐，还能抑制毛细血管通透性。

第二，肾上腺皮质激素样作用，甘草具有盐皮质甾醇样作用和糖皮质类甾醇样作用。其激素样作用的原理，有人认为是甘草次酸的化学结构与肾上腺皮质激素有相似之点，是一种直接作用，但也有人认为是间接作用，即甘草次酸抑制了肾上腺皮质甾醇类在体内的破坏，因而血中含量相应增加。

甘草黄酮加入复方美白褪斑液中，临床治疗下列皮肤问题：

1. “黎黑斑”；

2. 使用各种化学制剂化妆品导致的接触性皮炎；

3. 由身体血热偏盛，加之饮食不节、外邪侵袭、血郁痰结所导致的寻常性座疮；

4. 日光性及药物性皮炎；

5. 由肾水不足外搏而致的雀斑；

6. 皮肤损害自愈后遗留下之疤痕性或非疤痕性的色素沉着。

B. 维生素 C 衍生物

维生素 C 又叫抗坏血酸，是一种水溶性维生素。

胶原蛋白的合成需要维生素 C 参加，所以 VC 缺乏，胶原蛋白不能正常合成，导致细胞连接障碍，以及皮肤开裂。

人体由细胞组成，细胞靠细胞间质把它们联系起来，细胞间质的关键成分是胶原蛋白。

当体内 VC 不足，微血管容易破裂，血液流到邻近组织。这种情况在皮肤表面发生，则产生淤血、紫癍；在体内发生，则引起疼痛和关节涨痛。严重情况在胃、肠道、鼻、肾脏及骨膜下面均可有出血现象，乃至死亡。

VC 可增强中性粒细胞的趋化性和变形能力，提高杀菌能力；促进淋巴母细胞的生成，提高机体对外来和恶变细胞的识别和杀灭；参与免疫球蛋白的合成；提高 CI 补体酯酶活性，增加补体 CI 的产生；促进干扰素的产生，干扰病毒 mRNA 的转录，抑制病毒的增生。

VC 能帮助肌肤抵御紫外线侵害，避免黑斑、雀斑产生，因而被认为极具美白功效。夏天能预防日晒后肌肤受损，促进新陈代谢，让已形成的黑色素排出，淡化斑点。

维他命 C 是维持肌肤健康最重要的因素之一，它可以消除暗沉的肤色，恢复肌肤光采、紧致，并维系着肌肤的天然保湿功能，还可以有效消弭自由基。

维生素 C 能抑制酪氨酸酶的活性，阻断黑色素生成，保护皮肤不受紫外线伤害，将已经形成的黑色素还原成无色的黑色素前质，并改善皮肤暗沉的效果。

共同特点

两种面膜均含有珍珠与芦荟，在这里起的作用如下：

1. 珍珠

《中华人民共和国药典》及《中药大辞典》均指明，珍珠具有安神定惊、明目去翳、解毒生肌等功效，现代研究还表明珍珠在提高人体免疫力、延缓衰老、祛斑美白、补充钙质等方面都具有独特的作用。

2. 芦荟

芦荟多糖和维生素对人体的皮肤有良好的营养、滋润、增白作用。尤其是青春少女最烦恼的粉刺，芦荟对消除粉刺有很好的效果。芦荟大黄素等属蒽醌甙物质，这类物质能使头发柔软而有光泽、轻松舒爽。

免疫和再生作用：芦荟素 A、创伤激素和聚糖肽甘露(Ke-2)等具有抗病毒感染、促进伤口愈合复原的作用，有消炎杀菌、清热消肿、软化皮肤、保持细胞活力的功能，凝胶多糖与愈伤酸联合还具有愈合创伤活性，因此它是一种治疗外伤(出血性外伤、不出血性外伤)不留伤痕的理想药品。

抗衰老作用：芦荟中的粘液，是防止细胞老化和治疗慢性过敏的重要成分。

防晒作用：芦荟中的天然蒽醌甙或蒽的衍生物，能吸收紫外线,防止皮肤红、褐斑产生。

四、市场调研及市场定位

市场调研

1. “面膜”在百度搜索中

“全国范围最近12个月”的数据：

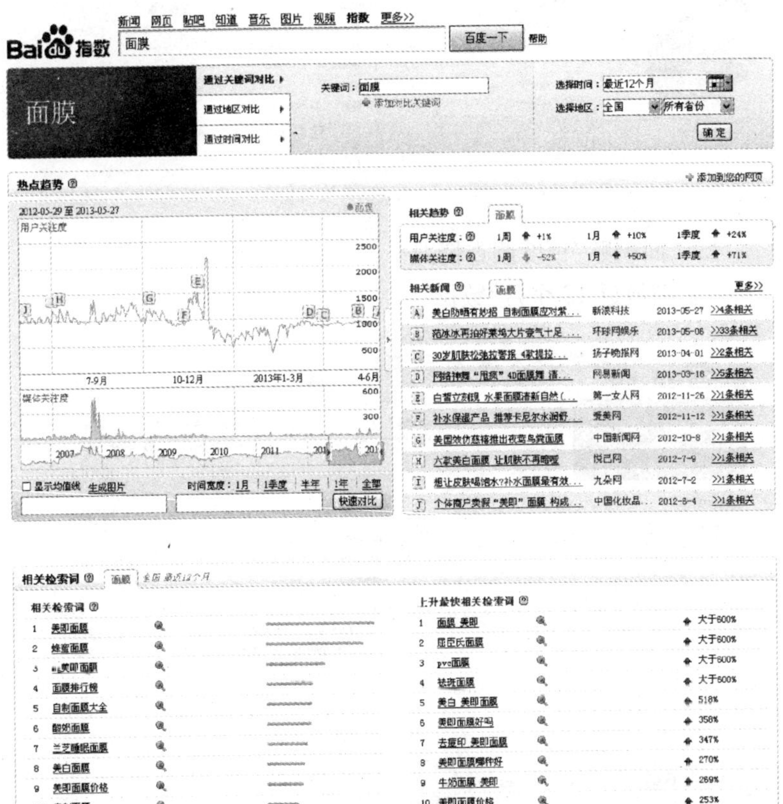

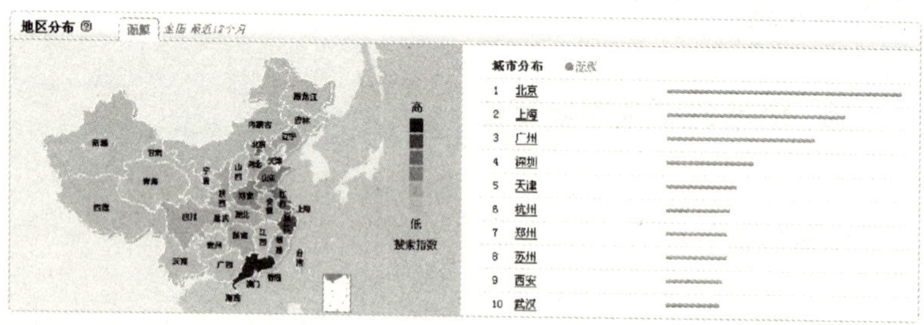

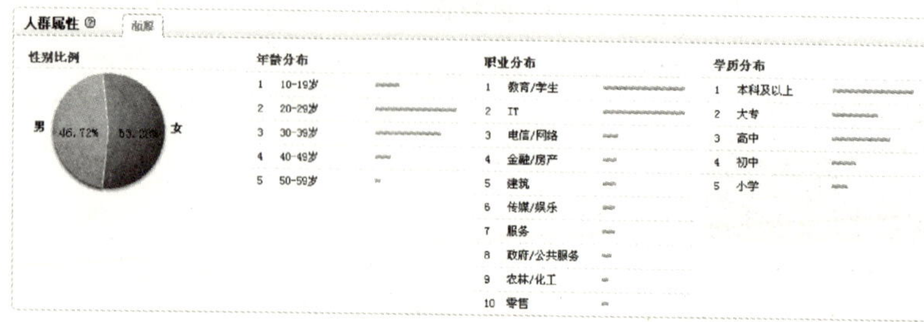

2. “面膜贴”百度调查情况

“全国最近 12 个月”数据：

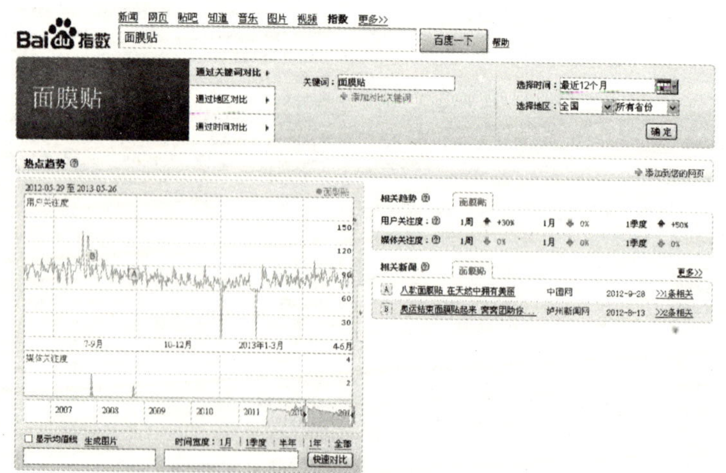

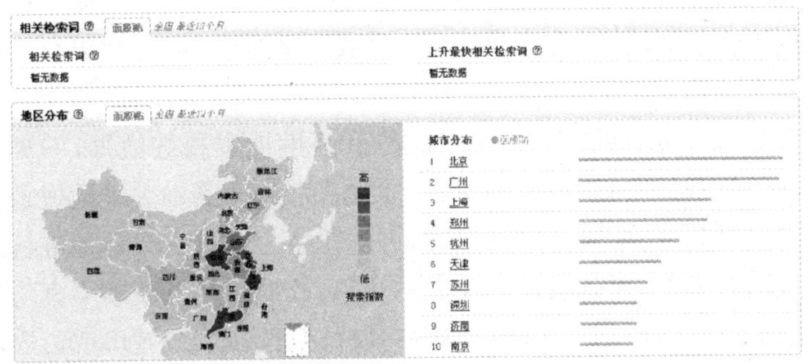

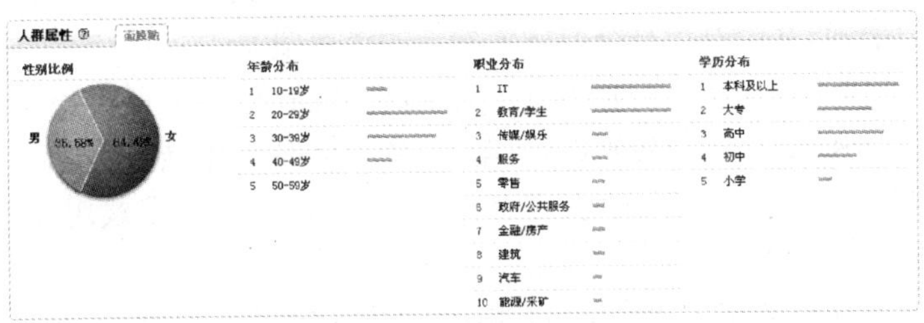

从以上调查到的资料来看，总体上可做下面的分析：

地区上分布沿海地区比较多流量和成交量，以广州、北京、上海所占比例较大。进行全国数据和广东数据的调查，考虑的是先重点突破广东，特别是广州和深圳两个主要地方。但广州作为全国化妆品线下市场发达地区，其搜索量并不代表消费者的消费搜索。据线下调查，在广州怡发广场，几乎全球所有品牌面膜及其他化妆品都有批发门市，不管是名牌还是非名牌。

基于产品功效，深层补水去垢、持久保湿滋润、防晒、抗氧化、修复、去黑消斑、提拉紧致与广东气候特征非常适合使用，加之珠江流域下游水质容易引发上火特点，以广东为突破口，有针对性先行建立营销体系，比较合理。

人群上，上述调查数据仅表明关注面膜的人群，使用上并不仅限于以上我们看到的情况。据消费者反馈，对面膜的使用，有部分人，仅是兴致时用，并不能坚持使用，这让产品功效方面没能让人深刻体会，如能让消费者象治病一样按疗程坚持使用，效果会比较明显。

由以上提供的"面膜"和"面膜贴"百度搜索指数数据，不难看出，面膜包括了自制面膜的更为广泛的范围，而其中关键词搜索量和增长指数，美即等名牌为热搜，再对北京、上海、天津等地进行进一步调查来看，还是表现出类似的现象，故而碧芬兰面膜不宜与之在以上发达城市切入市场，应该避其锋芒，选择二线城市或边远地区。作为"面膜贴"广州排名第二，说明广州作为面膜贴的全国批发集散地，其中有大部分并非消费者的消费搜索。

时间上，淘宝大促期间出现了明显的高峰，春节期间出现低谷，其他时间相对比较平缓，说明了"拼价格促销"仍然是商家普遍采用的手段，而冬天及春节期间由于气温低，普遍不喜欢用面膜，这是一种正常现象。

女性总的所占比较多，说明更多的潜在消费者是女性，而男性也不会少很多，男性作为最终消费者可能集中于男性专用面膜，这可以在淘宝指数中查到，除外，作为礼物送给女性占相当的比例，这个从最近的成交评价中得到证实，故而标题优化方面需要做这方面文章。

市场定位

根据上述对市场的调研和分析，我们确定了市场定位，将目标客户主要锁定在以下人群：

1. 年龄在15～45岁之间的女性为主，不因职业而划分，作为最终消费者，还可扩大范围。

2. 各行业的中层白领，将是主流消费群体，这个消费群体包括了购买来送礼所用，属性能理性型的消费者较多，讲究品牌的选择。

3. 各大、中学女生，这个群体以自用为主，比较注重价格，属价格理性型消费者居多。

4. 送礼的男生或男士，对产品功效的研究相对较少，讲究大方得体，故而更趋向于对品牌选择。

5. 潜在合作网商(作为合作商家提供赠品)，正在成长的准网商，总需要寻找营销卖点，总不能仅用价格一个手段来做促销，可以互补或价廉物美的赠品，或者对他们的营销有更好的促进作用。

6. 创业人群，我们建立一个营销机制，让创业者极少投资，减少风险，同时提供区域保护政策，扶持政策，以建立分销体系。

五、项目目标

因碧芬兰面膜为刚投放市场，本项目目标不宜定太高。

1. 打造“碧芬兰面膜”和“广东面膜”、“广东面膜贴”，使淘宝搜索免费流量达到阶段性指标(具体指标另定)。

2. 在广东省范围内选择发展一个分销团队。

3. 授权淘宝店达到阶段性销售指标(具体指标另定)。

4. 发展会员、粉丝(收藏宝贝及店铺)(具体指标另定)。

5. 官方活动，只要有资格必须申请参与。

6. 直通车等广告展现量、点击率、转换率(具体指标另定)。

六、项目 SWOT 分析及对策

内部因素分析

1. 本项目的优势(S)

A. 首先产品取得厂家授权，货源上有保证，淘宝上独家经营，避免了同品自我竞争。

B. 本产品含乳木果油，是非洲特产，按目前所知，并没有第二个面膜产品含有此成份，乳木果油其独到功效非常显著。

C. 有净化补水、持久保湿等功效，是女性信赖的品牌，随着经济的快速发展，人们的追求日益更新，对物质方面的追求日益剧增，特别是女性们对护肤美白方面的关注，碧芬兰面膜价格适中，功效甚好，是值得信赖的好品牌。

2. 本项目的弱势(W)

团队成员构成中，主要是大一学生，电子商务专业知识掌握尚少，网络营销经验少，产品了解尚待加强，市场把握有待提高。而且团队成员经验不足，导致运作效率低。

所要发展的创业团队，对项目及产品的了解也比较少，培训方面需要花更多精力。

外部因素分析

1. 本项目的机会(O)

面膜网销市场尚处于各品牌纷争的时候，还没形成垄断格局，新品牌进入市场仍然有机会争取成功。

今年是电商市场快速发展的时期，快速膨胀的市场规模，仍然有机会给新品牌切入而找到细分市场。

2. 本项目的挑战(T)

近年来，各大品牌已占据绝大多数市场份额，新品牌不容易找到适合自身的细分市场。

SWOT 措施

1. SO 措施

发挥这些措施将利用现场促销活动做网络推广来配合，拟用 Q 群推广、邮件推广、微博推广等方式。在淘宝网交易上开店，作为对外宣传的窗口。

利用友情链接，通过网店合作伙伴，收藏店铺网址，向网民推广产品。

大力发展分销体系，学校方面发展创业团队作为校园代理，地区代理方面优先由学生创业团队成长起来后承担。

2. ST 措施

(1) 分析进行市场细分，针对产品特点，突出卖点——深层补水保湿、持久滋润、防晒、修复、抗氧化等功效，再以适中价格，避开名牌产品正面竞争，选择从校园及边远地区出击。

(2) 以潜在顾客接受的方式，发挥网络工具使用的优势，先人一步找到潜在顾客，先人一步让潜在顾客事先了解活动内容及日程安排，而减少现场服务工作量，同时增进潜在顾客的信任感。

3. WO 措施

对于潜在顾客咨询，提高客服人员的综合素质和技能，结合外部良好的机遇让潜在顾客更好地了解我们的产品，看到我们产品的优点。

4. WT 措施

尽量多的目标，我们会采取以退求进的战略，统筹考虑所有目标，做出具体分析，最后选择适合我们长远发展的目标。

加强产品学习研究，提高成员知识水平，多调查研究，掌握更多市场营销知识，以指导创业团队开展工作，

七、营销策划和措施

网店建设

已经取得厂家授权，将碧芬兰面膜有两款，一是补水保湿面膜，另一个是防晒抗氧化美白面膜，都发布在淘宝店http://d-den. taobao. com/上。请见以下宝贝描述：

A. 碧芬兰补水保湿面膜http://item. taobao. com/item. htm? id=15234100814

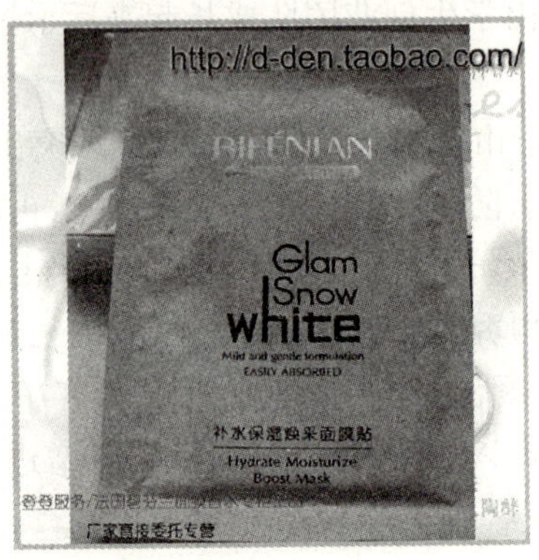

B. 碧芬兰防晒抗氧化美白面膜http://item. taobao. com/item. htm? id=18234766452

淘宝内外部推广

1. 关键词推广

目前先计划突破广东，故而重点做关键词“碧芬兰面膜”、“广东面膜”、“广东面膜贴”的推广，打造淘宝搜索免费流量关键词，做爆款的准备。

线上线下广泛宣传关键词，让获知本产品的潜在消费者慢慢形成一种在淘宝用碧芬兰面膜及广东面膜搜索到本品的习惯，引发免费搜索流量，达到提高排名权重的目标。

可用的传播方式比较多，包括即时聊天工具、论坛发贴、微博、邮件等方式，校园内则可以用派传单、赞助活动等形式进行，必要时设立摊位宣传，同时现卖促销。

2. 直通车推广

使用淘宝网提供的直通车，针对广东省各市及全国在面膜成交量比较大的地区做广告。在关键词选择、投放时间、报价方面每天做分析，投放地区暂以广东及周边各省及山东、江苏、浙江等沿海地区为主，而北京及上海等暂不投放。

3. 淘客推广

淘客佣金率并不是最重要的因素，发展淘客一起来做才是我们的重点，由于淘客推广不用投入资本，最适合学生创业或兼职，在多所高校中发展淘客将是重点要做的工作。

以前的老顾客，部分也可以发展成淘客，有些在做产品销售的朋友也可以发展为淘客，有意向可以发展的对象中，有一位卖床上用品的，以配套跨店联合营销的方式来实现，有一位卖服装的，由于其货源不能保证，正在商谈转过来分销面膜。

4. 创业分销团队推广

在大学中发展创业及兼职分销团队，发布了宝贝：“促销大学生创业兼职保湿美白补水面膜淘宝店铺校园代理服务定金”http://item.taobao.com/item.htm?id=16281961461 进行招商，按学校签订代理协议，按地区发展地区代理商。还制定了《碧芬兰面膜分销招商》方案，进行校园代理的招商。

5. 邮件推广

团队全体成员将需要传播的信息比如关键词、分销招商、网店地址等发到目标潜在顾客手中，做到有针对性，尽量不用群发邮件。

6. Q群推广

寻找相关Q群，申请进入，与大家交朋友，参与群活动，物色潜在顾客及潜在分销团队。多发有特色的二维码Q表情。

7. 微博推广

注册了新浪微博："捷足先登898"，将所有进行中或即将开展的活动传播出去。

8. 移动商务推广

基于目前移动商务发展迅速，淘宝也给每个店铺和每个宝贝提供了二维码，我们制作了一个二维码Q表情图片，方便手机用户搜索产品，在各种场合中有策略地使用，促进移动客户搜索。

9. 线下展厅

正在向广东理工职业学院申请网店运营实训室，成功可能性比较大，如获批准建设，本项目将作为该实训室一个重点项目，下学期正式运作，到时将给碧芬兰系列产品一个展示的地方，同时也会在那里开展网络营销。

10. 免费试用

在学校中以课堂回答问题的形式，作为回答正确的同学的奖励，派送免费试用，在淘宝店上刚采用一个软件让人抽奖，抽中者寄出免费试用，同时还在朋友中选择一些潜在消费者寄送免费试用品，结合一些居住社区活动派送免费试用，以扩大知名度。

淘宝官方活动

淘宝官方活动比较多，新投放产品由于信誉各方面因素，先以天天特价为切入点。

已成功参加过一次天天特价活动，接着下来继续申请参加天天特价活动，两款面膜轮番参加，互相促进。

从图中可以看出，天天特价活动并不是容易申请参与的，不过基于淘宝对于中小卖家支持，目前符合资格要求，还将继续申请参加，直到不符合条件为止。

申请通不过的原因基本上是："活动当天或三天内有类似产品申报，而本宝贝排名比较靠后"。

淘宝官方活动很多，并不是所有活动适合面膜申报参加，还将申请其他活动。

八、实施效果及评价

对照项目目标进行检查，从碧芬兰面膜取得授权到现在，我们所做的工作情况如下，而按本策划书进行的下步工作，将在后续增补上来。

官方活动

经过多次申请，成功参加一次天天特价活动，活动中增加了几个新客户，这将是下步做客户关系管理的基础。总体来说，按天天特价规则，活动本身是亏本的，按五折包邮的运作，只在于获取客户，不在于赚钱，而从获得的新客户来看，广东的并不占多数，云南和山东也有，其中有一位大学生和一位老师购买。

申请的六月精英汇活动，因资质不够，没能成功参加。

目前正在申请有两个项目，处于审核中。

（图略）

直通车推广

选择了 40 多个关键词，经常分析投放时间，调整出价，按目前情况来看，有一定的展现量，但点击率偏低，转换率更不理想，我们将进一步分析原因，采取更多措施。

（图略）

淘客推广

淘客推广方面，由于设置了类目佣金和单品佣金，已有部分成交是由淘客推广完成的。而淘客的发展和培训方面，已经取得一定成效，已有在校学生有兴趣参与推广，培训正在进行中。

（图略）

创业分销及联合销售分销

创业分销团队正在招商，中山和东莞各有人在谈，预计可以在下学期开学时，正式发展一支分销团队，并开始开展工作。

联合销售分销，主要是考虑产品互补性方面的店家，一起做联合促销，正在跟踪的店家中，有一家是卖适合新婚夫妇用床上用品，已发样品过去。

经济情况

由于碧芬兰面膜刚投放市场，目标不在短期内取得经济性，经济性指标的考核将在明年开始。

目前来看碧芬兰面膜在授权淘宝店http://d－den.taobao.com/虽然有一定的销量，也有部分线下交易，不能在网店交易记录中体现，但仍然不容乐观，需要更多努力。

店铺收藏和宝贝收藏

收藏量在不断增加中，5月底开展了一次粉丝价活动，成交量有几单，但仍不理想，计划稍过半月，再发动一次粉丝价促销行动。

（图略）

会员关系管理

发布过五月有礼：碧芬兰产品九折加送券活动，引发一个老顾客购买2盒补水保湿面膜，还没达到原定目标。

（图略）

九、结束语

我们参加大赛，志在参与，重在学习。

我们项目，欢迎大家参与分销。

十、相关文件

第一部分 《碧芬兰面膜分销招商》

招商宝贝：http://item.taobao.com/item.htm?id=16281961461

分销招商标的：碧芬兰面膜按盒销售宝贝 http://item.taobao.com/item.htm?id=15234100814

【产品卖点】碧芬兰面膜所含有的成分比较独特，是来自非洲的特产乳木果油，而且没有第二个面膜产品含有此成份，乳木果油其独到功效非常显著。现在碧芬兰面膜有两种，分别是补水保湿面膜、净白莹采面膜贴。

【分销卖点】

该品牌取得厂家授权，货源及质量有保证。

代理制，区域保护；团队管理，有激励措施协助发展和带领团队。

分销门槛低，一件代发，几乎是零投资创业，是学生兼职及创业的极佳选择。

【用户反馈】顾客用了产品后的反应：

这个面膜好好用哦！以后还来！

2013年01月12日 11:11

91346...

第二次购买了，是帮同学买的，好用！

2013年04月23日 20:53

7343c...

杀日本鬼

老婆说不错，用了以后再看，以后再追加

2013年04月10日 14:10

寒梅cj

非常好用，感觉滋润

2013年04月19日 13:20

七彩小啃

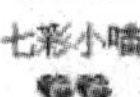

面膜很好用，买回来被同事抢光了。

2013年04月13日 18:55

yejun...

超多水的。

2013年04月24日 19:32

【支持措施】

本宝贝正在进行免费试用推广中：

1. 在线活动http://d-den.taobao.com/。

2. 线下也在广泛发动试用活动，包括课堂回答问题获奖等措施给予试用机会。

3. 推广主题现阶段暂定："当你觉得皮肤好的时候就要保养了，不要等皮肤差了后做修复，碧芬兰面膜随时给您体贴关怀"。

具体分销操作如下：

一、线下操作

1. 复制宝贝并在自己店一发布，按统一标价与本店联动，不得擅自修改价格。

2. 在线下多做促销活动，把产品推广开，让顾客都了解该产品并尝试该产品。让消费者都能体验到该产品的功效。

3. 推广营销并接受订单。

4. 收到订单并确认对方已付后，旺旺、QQ 等方式通知发货，核对收货人地址电话。

5. 本店发货，发货后通知物流单号，操作发货，收货人确认收货后，通知到货。

6. 保证金中扣除相应货款，余额不足时先行充值。

7. 现在已经申请到广东理工职业学院网店运营实训室，项目将作为该实训室一个重点项目，下学期正式运作，到时将给碧芬兰系列产品一个展示的地方，同时也会在那里开展网络营销。

二、线上操作

1. 复制宝贝并在自己店一发布，按统一标价与本店联动，不得擅自修改价格。

2. 推广营销并接受订单。

3. 收到订单并确认对方已付后，到本店再拍，将核实过的顾客收货人地址电话复制到订单备注中。

4. 本店修改单价，佣金率按档次规定另行商定。

5. 支付宝支付。

6. 掌柜确认已支付后发货，发货后掌柜告知物流单号，进行发货操作。

7. 顾客收货后，到本店确认收货。

8. 参照顾客评价给予该次交易评价。

关于资格及保证金：

1. 接受本宝贝规定操作方式及上述指定宝贝运作，拍下后提供身份证及学生证扫描件。

2. 本宝贝拍下后转为保证金：线上操作方式，合同期满再按下条执行；线下操作方式，每次发货保证金中扣款，余额不足时，须先行补充。

3. 合同期满，保证金退回或冲抵货款。

关于考核：

1. 每月考核一次，按事先商定的业绩指标与佣金率，每月调整一次，根据本月完成情况核定下月佣金档次。

2. 对于连续二个月业绩没完成最低一档指标者，本店有权解除合同。

关于风险处理：

由于操作失误或故意行为，造成任何对本店及指定宝贝不利的影响，需要承担责任，本店保留追诉权。

关于团队营销：

1. 可以组成团队营销，如只是一店销售，视为一个团队。

2. 发展第二个团队或个人者，可另获管理提成，但发展的团队或个人再发展的团队或个人，不计管理提成。

3. 为确保货源的真实可靠，任何团队或个人想参与分销，均须直接拍本宝贝，与本店签订协议，由本店直接发货，不经其他任何中间环节。不承认任何其他店对本项目的招标。

关于投标事项：

1. 全国包销产品，长期有效。

2. 投标须拍下本宝贝，并于1个星期内提交推广方案并商议合同，过期反应，视为弃标。

3. 本宝贝操作流程：拍下-通知掌柜-支付-发协议书-确认收货-评价-1个星期内提交方案-签订协议-履行协议。

碧芬兰面膜网络推广方案实施过程部分截图

报名参加淘宝官方活动：

淘宝网 卖家中心

我是卖家 账号管理 官方信息中心 卖家地图 采购批发 卖往海外

您的位置：首页 > 我的淘宝 > 活动报名 > 参加报名

1.签订报名协议 2.提交报名信息 3.等待审核 4.结束

当前报名状态：审核中

活动名称：VIP换季活动 居家日用+收纳清洁类目

区块名称：个人清洁工具 10

报名时间：不限制

活动时间：不限制

店铺名称：碧芬兰面膜/广东潮工

宝贝链接：http://item.taobao.com/item.htm?id=15234100814

宝贝标题：促销金装 广东碧芬兰持久滋润老婆补水保湿面膜贴送女友正品包邮

宝贝促销图片：查看图片

淘宝价：39.80

促销价：28.80

负责人旺旺ID：

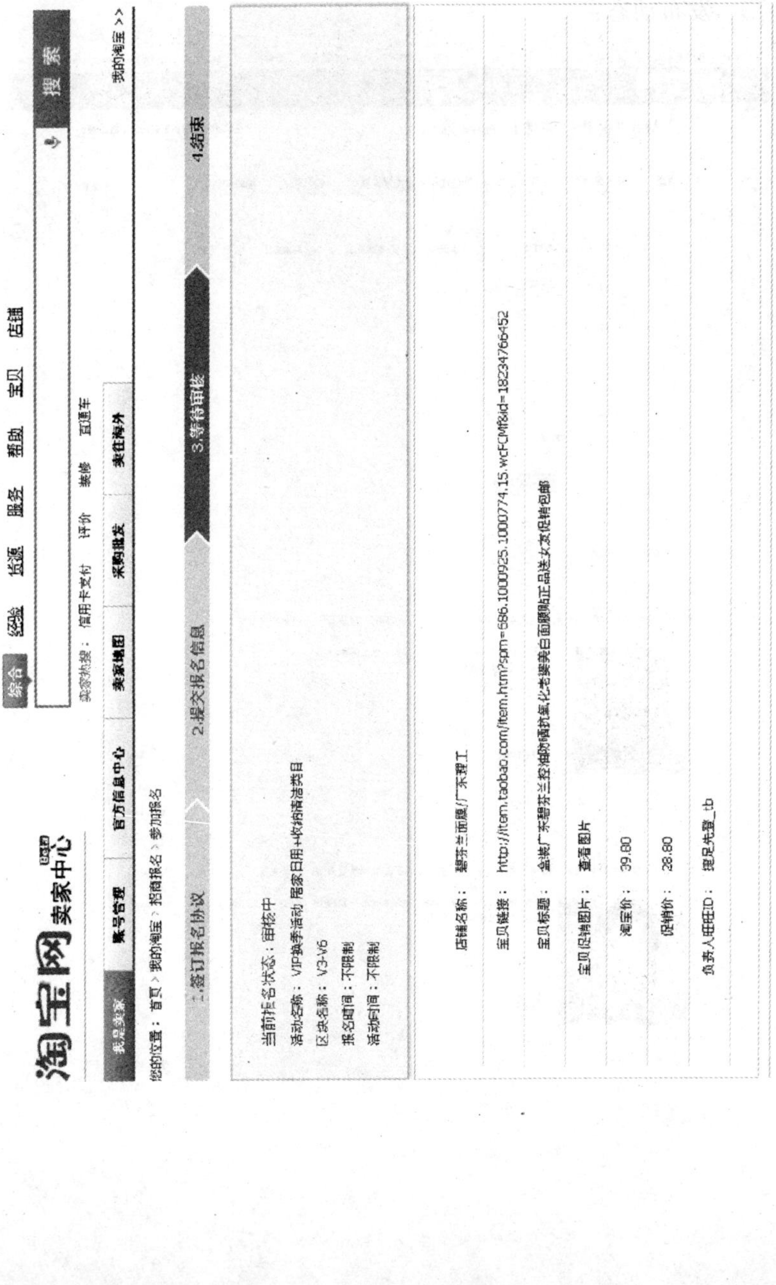

淘宝网 卖家中心 Beta

综合 经验 货源 服务 帮助 宝贝 店铺

搜 索

卖家热搜： 信用卡支付 评价 装修 直通车

我是卖家 | 账号管理 | 官方信息中心 | 卖家地图 | 采购批发 | 卖往海外 | 我的淘宝 >>

您的位置： 首页 > 我的淘宝 > 招商报名 > 参加报名

1.签订报名协议 > 2.提交报名信息 > 3.等待审核 > 4.结束

当前报名状态：审核中

活动名称： VIP换季活动 居家日用+收纳清洁类目

区块名称： V3-V6

报名时间：不限制

活动时间：不限制

店铺名称：	碧芬兰面膜/广东理工
宝贝链接：	http://item.taobao.com/item.htm?spm=686.1000925.1000774.15.wcFCMf&id=18234766452
宝贝标题：	盒装广东碧芬兰控油防晒抗氧化老婆美白面膜贴正品送女友促销包邮
宝贝促销图片：	查看图片
淘宝价：	39.80
促销价：	28.80
负责人旺旺ID：	捷足先登_tb

发布动态：

淘宝网 店铺动态
碧芬兰面膜/广东理工
发布动态
消息管理
动态设置
数据分析
提醒设置
粉丝价
编辑资料
卖家服务中心
*类　别：
新鲜事
推荐宝贝
有奖活动
热销宝贝
买家秀
图　片：
选择文件
未选择文件
*内　容：
表情
立刻发布
我的动态
有奖活动
#本店粉丝专享# 给我家粉丝独享的福利，一般人我可不卖哟！数量有限，赶紧来抢！
商品促销价：¥35.74
查看详情
¥35.74
赞
转发(1)
评论
#本店粉丝专享# 给我家粉丝独享的福利，一般人我可不卖哟！数量有限，赶紧来抢！
商品促销价：¥33.63
查看详情
¥33.63
赞
转发(1)
评论

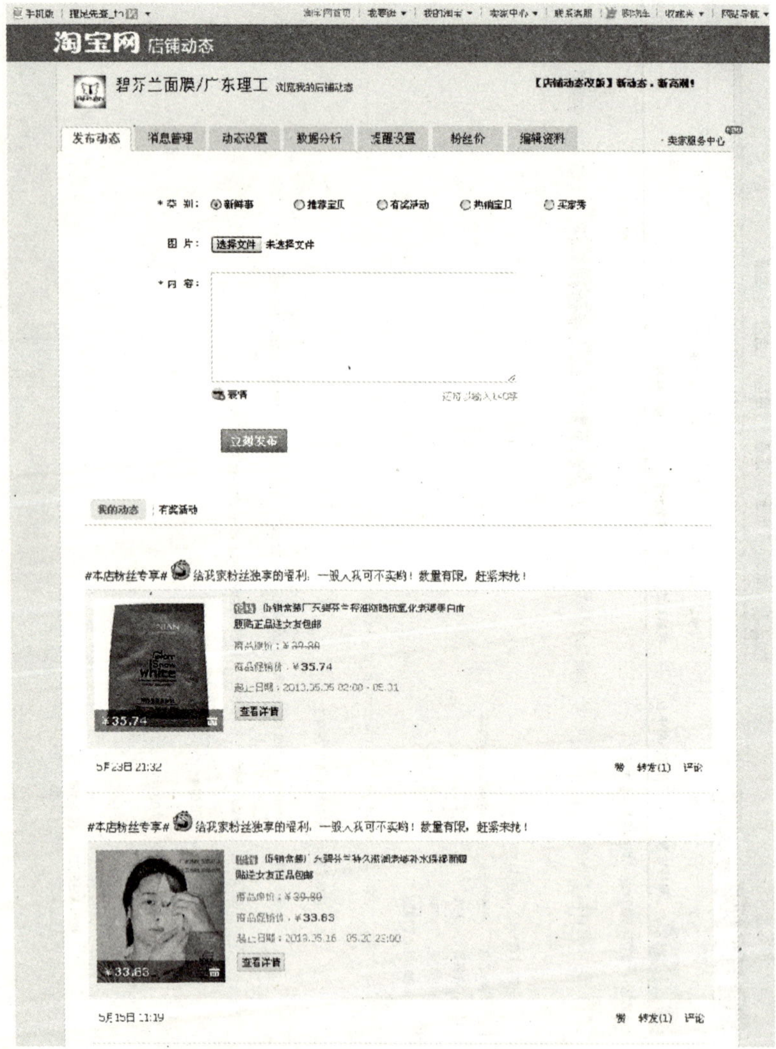

欢迎大家参加

碧芬兰面膜/广东理工：凡使用过碧芬兰面膜，包括补水保湿面膜和防晒抗氧化美白面膜者，不管是否购买使用或是获得赠送而使用，都可以参加本项有奖活动，获奖者将获得本店送出碧芬兰补水保湿面膜或防晒抗氧化美白面膜一盒。

活动名称：碧芬兰面膜使用评价有奖活动

活动时间：2013.05.07 20:58 - 05.12 23:59

查看详情

原文转发(1) 原文评论(1)

5月7日 20:59　　赞　转发　评论

凡使用过碧芬兰面膜，包括补水保湿面膜和防晒抗氧化美白面膜者，不管是否购买使用或是获得赠送而使用，都可以参加本项有奖活动，获奖者将获得本店送出碧芬兰补水保湿面膜或防晒抗氧化美白面膜一盒。

活动名称：碧芬兰面膜使用评价有奖活动

活动时间：2013.05.07 20:58 - 05.12 23:59

查看详情

5月7日 20:58　　点击数(3) 赞　转发(1)　评论(1)

转发

碧芬兰面膜/广东理工：#本店粉丝专享# 给我家粉丝独享的福利，一般人我可不告诉她！数量有限，赶紧来抢！

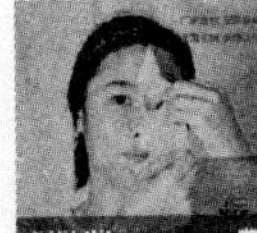

促销盒装广东碧芬兰持久滋润老牌补水保湿面膜贴送女友正品包邮

商品原价：¥30.80

商品促销价：¥33.83

起止日期：2013.05.10 - 05.20 22:00

查看详情

原文转发(1) 原文评论

5月5日 1:32　　点击数(2) 赞　转发　评论

转发

碧芬兰面膜/广东理工：#本店粉丝专享# 给我家粉丝独享的福利，一般人我可不告诉她！数量有限，赶紧来抢！

促销盒装 广东碧芬兰补水防晒抗氧化美白面膜贴正品送女友包邮

商品原价：¥[illegible]

商品促销价：¥35.74

起止日期：2013.05.05 02:00 - 05.31

查看详情

原文转发(1) 原文评论

5月5日 1:31　　赞　转发　评论

转发

碧芬兰面膜/广东理工：#本店粉丝专享# 给我家粉丝独享的福利，一般人我可不卖哟！数量有限，赶紧来抢！http://to.taobao.com/Y1MUNly

[促销] 佐铂碧芬兰50ml你的眼神男用女士香水淡香持久清新正品广东包邮

商品原价：¥266.00

商品促销价：¥254.60

起止日期：2013.05.05 02:00－05.31

查看详情

原文转发(1)｜原文评论

5月5日 1:30　　赞　转发　评论

转发

碧芬兰面膜/广东理工：#本店粉丝专享# 给我家粉丝独享的福利，一般人我可不卖哟！数量有限，赶紧来抢！http://to.taobao.com/C0OUNly

[促销] 佐铂碧芬兰30ml明亮水晶女士香水淡香持久清新彩妆正品广东包邮

商品原价：¥328.00

商品促销价：¥262.40

起止日期：2013.05.05 02:00－05.31

查看详情

原文转发(1)｜原文评论

5月5日 1:30　　赞　转发　评论

#本店粉丝专享# 给我家粉丝独享的福利，一般人我可不卖哟！数量有限，赶紧来抢！http://to.taobao.com/C0OUNly

[促销] 佐铂碧芬兰30ml明亮水晶女士香水淡香持久清新彩妆正品广东包邮

商品原价：¥336.00

商品促销价：¥262.40

起止日期：2013.05.05 02:00－05.31

查看详情

5月5日 1:26　　赞　转发(1)　评论

#本店粉丝专享# 给我家粉丝独享的福利，一般人我可不卖哟！数量有限，赶紧来抢！http://to.taobao.com/Y1MUNly

[促销] 佐铂碧芬兰50ml你的眼神男用女士香水淡香持久清新正品广东包邮

商品原价：¥266.00

商品促销价：¥254.60

起止日期：2013.05.05 02:00－05.31

查看详情

5月5日 1:03　　[illegible](1) 赞　转发(1)　评论

淘宝十周年手抽筋活动，作为奖品，免费送，以发展会员，以便做后续的会员关系管理：

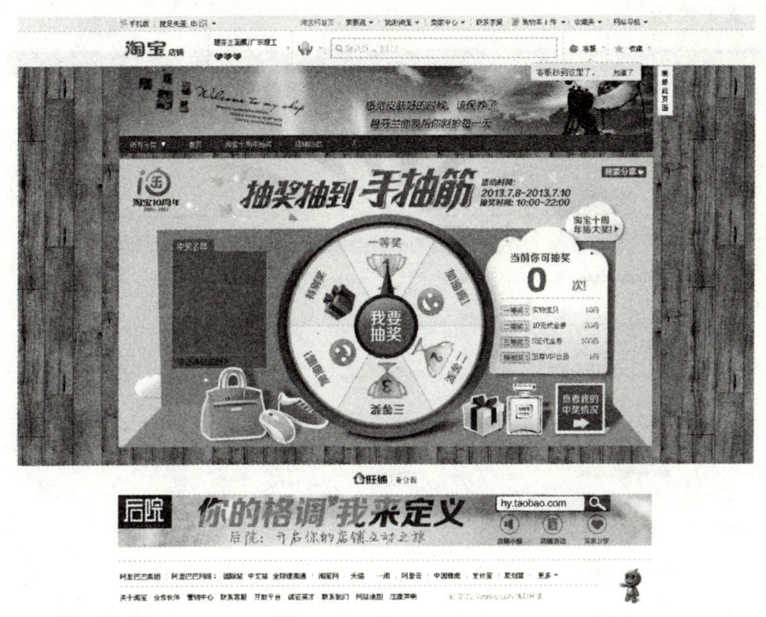

坚持报名参加天天特价：

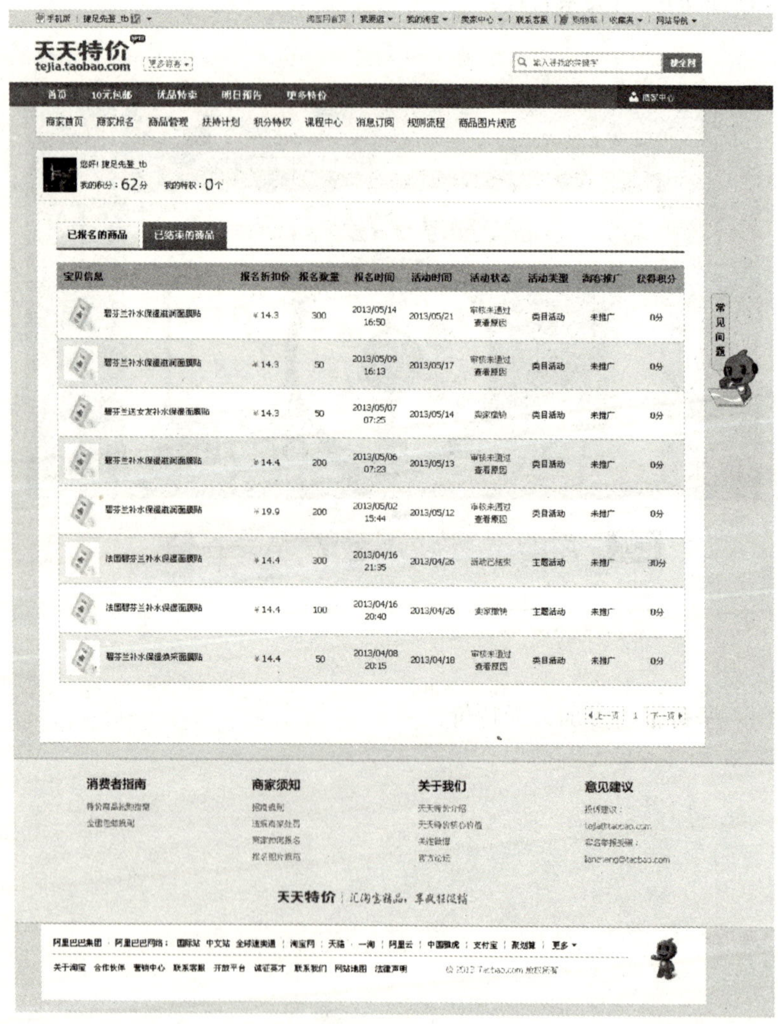
天天特价
tejia.taobao.com
首页 10元包邮 优品特卖 明日预告 更多特价
商家中心
商家首页 商家报名 商品管理 扶持计划 积分特权 课程中心 消息订阅 规则流程 商品图片规范
您好！捷足先登_tb
我的积分：62分 我的特权：0个
已报名的商品 已结束的商品
宝贝信息 报名折扣价 报名数量 报名时间 活动时间 活动状态 活动类型 淘客推广 获得积分
碧芙兰补水保湿滋润面膜贴 ¥14.3 300 2013/05/14 16:50 2013/05/21 审核未通过 查看原因 类目活动 未推广 0分
碧芙兰补水保湿滋润面膜贴 ¥14.3 50 2013/05/09 16:13 2013/05/17 审核未通过 查看原因 类目活动 未推广 0分
碧芙兰送女友补水保湿面膜贴 ¥14.3 50 2013/05/07 07:25 2013/05/14 卖家撤销 类目活动 未推广 0分
碧芙兰补水保湿滋润面膜贴 ¥14.4 200 2013/05/06 07:23 2013/05/13 审核未通过 查看原因 类目活动 未推广 0分
碧芙兰补水保湿滋润面膜贴 ¥19.9 200 2013/05/02 15:44 2013/05/12 审核未通过 查看原因 类目活动 未推广 0分
法国碧芙兰补水保湿面膜贴 ¥14.4 300 2013/04/16 21:35 2013/04/26 活动已结束 主题活动 未推广 30分
法国碧芙兰补水保湿面膜贴 ¥14.4 100 2013/04/16 20:40 2013/04/26 卖家撤销 主题活动 未推广 0分
碧芙兰补水保湿焕采面膜贴 ¥14.4 50 2013/04/08 20:15 2013/04/18 审核未通过 查看原因 类目活动 未推广 0分
常见问题
消费者指南
商家须知
关于我们
意见建议
天天特价

8 附录:高校毕业生相关就业创业政策

一、《广东省人民政府办公厅转发国务院办公厅关于做好2013年全国普通高等学校毕业生就业工作的通知》(粤府办〔2013〕22号)规定的相关政策

(一)落实税费减免政策。高校毕业生自毕业学年起3年内(毕业前一年7月1日起36个月,下同)自主创业的,自首次注册登记之日起3年内,免收登记类、证照类和管理类等行政事业性收费。各级公共就业人才服务机构要为其免费提供3年的人事关系及档案保管服务。高校毕业生在毕业年度内从事个体经营(除建筑业、娱乐业以及销售不动产、转让土地使用权、广告业、房屋中介、桑拿、按摩、网吧、氧吧外)的,3年内按每户每年8 000元为限额依次扣减其当年实际应缴纳的营业税、城市维护建设税、教育费附加和个人所得税。

(二)落实补贴和资助政策。高校毕业生自毕业学年起3年内,租用经营场地或店铺(在各类创业孵化基地的除外)从事个体经营或创办小微企业,自工商注册登记之日起正常运营6个月以上并吸纳3人以上就业的,给予最长2年、每年最多3 000元的租金补贴。毕业学年起3年内自主创业并符合相关条件的,可给予5 000元左右的一次性创业资助。对自主创业的高校毕业生招用应届高校毕业生,签订1年以上期限劳动合同并

按规定缴纳社会保险费的，可按实际招用人数给予最长 3 年期限的社会保险补贴和岗位补贴，所需资金从就业专项资金列支。支持通过网络创业带动就业，经人力资源社会保障部门会同有关部门认定的网络创业高校毕业生，可享受小额担保贷款、一次性创业资助等政策。

（三）加大金融扶持力度。自主创业的高校毕业生，可申请最高 10 万元的小额担保贷款，多人组织起来创业的，可按每人 10 万元，总额最高 200 万元的额度实行“捆绑式”贷款，除国家限制的行业外都可给予财政贴息。高校毕业生离校前自主创业申请小额担保贷款的，由学校就业（创业）指导部门指导推荐和协助申请，送经办银行按程序办理。金融机构要积极探索适合高校毕业生创业的金融服务产品，简化业务流程。

（四）加强创业载体建设。高校要积极建设创业孵化基地，为大学生提供创业孵化服务，提高创业成功率。有条件的地区，可在高校集中的区域建设综合性创业孵化基地和服务平台。经人力资源社会保障部门牵头组织认定的创业孵化基地，为大学生提供 1 年以上减免费创业实训场地和孵化服务的，由就业专项资金按实际孵化成功户数，按每户最高 3 000 元的标准给予创业孵化补贴。凡被认定为国家级和省级示范性创业孵化基地的，由省级就业专项资金给予适当补贴。

（五）扶持高校毕业生优秀创业项目。省每年遴选一批可行性和预期成功率较高的高校毕业生（毕业 3 年内）优秀创业项目，每个项目给予 5 万至 10 万元资助。对其中科技含量高、潜在经济和社会效益及市场前景好的特别优秀创业项目，最高给予 20 万元一次性资助。所需资金由省级就业专项资金安排。

二、《关于贯彻落实〈广东省人民政府办公厅关于促进普通高等学校毕业生就业工作的通知〉的意见》(粤劳社发〔2009〕23号)及其他文件的相关政策

(一) 试行注册资本“零首期”政策。2010年12月31日前,高校毕业生登记设立注册资本10万元以下的有限责任公司(一人有限公司除外),经投资者共同申请并作出相应书面承诺的,可免缴首期注册资本,但须在法定期限内缴足。

(二) 落实相关税收优惠政策。高校毕业生创办的高新技术企业、软件生产企业、小型微利企业或从事农林牧渔业,符合现行税法规定条件的,均可享受相关税收优惠政策。高校毕业生自主创办企业为开发新产品、新技术、新工艺发生的研究开发费用,未形成无形资产的,在按规定据实抵扣的基础上,再按照研究开发费用的50%加计扣除;形成无形资产的,按照无形资产成本的150%摊销。企业技术开发费加计扣除部分形成的年度亏损,可以用以后年度所得弥补,但结转年限最长不得超过5年。

(三) 落实收费减免政策。除国家限制的行业外,高校毕业生毕业两年内从事个体经营的,自其在工商管理部门首次注册登记之日起3年内免交登记类、证照类和管理类行政事业性收费。公共就业服务机构、人才服务机构和高校毕业生就业指导机构要为自主创业的高校毕业生提供人事档案挂靠服务,并免收两年保存人事关系及档案的费用和各项代理服务费用。

(四) 放宽小额担保贷款政策。自主创业的高校毕业生可享受小额担保贷款政策,贷款额度最高不超过5万元。对合伙经营或组织起来就业的,可按规定适当扩大贷款规模;从事当地政府规定微利项目的,可按规定享受贴息扶持。

(五) 给予社会保险补贴和岗位补贴。自主创业的高校毕业生招用本省户籍高校毕业生,签订1年以上期限劳动合同并按规定缴纳社会保险费的，可按实际招用人数在不超过3年的期限内给予社会保险补贴和岗位补贴。自主创业的高校毕业生本人可同等享受就业困难人员灵活就业社会保险补贴政策。

（六）提供创业服务和资助。各级劳动保障部门要会同人事、教育、科技、财政等部门，加强创业资源整合，搭建高校毕业生创业服务平台，建设远程创业服务公共网络，开设创业项目共享资源库。各级公共就业服务机构要为有创业意愿的高校毕业生提供项目推介、开业指导、融资服务、跟踪扶持、政策咨询等一条龙服务，并在其创业成功后给予一次性创业资助，珠江三角洲地区的资助额度为2 000元至3 000元，粤东西北地区可提高至3 000元至4 000元。

（七）本通知所规定的各项资金扶持政策自通知印发之日起1年内有效；可享受各项资金扶持政策的高校毕业生是指2009年广东省普通高等学校应届毕业生或入学前具有广东省户籍的省外2009年普通高等学校应届毕业生；困难家庭高校毕业生是指享受城乡低保家庭、零就业家庭、农村贫困家庭或残疾人家庭的高校毕业生。

（八）注册资本"零首期"政策，按照《广东省工商行政管理局关于全力支持创业带动就业的意见》（粤工商企字〔2009〕52号）执行，由省工商局牵头组织实施。

（九）高校毕业生创办企业从事技术转让、技术开发业务和与之相关的技术咨询、技术服务业务取得的收入，免征营业税，按照《关于贯彻落实〈中共中央　国务院关于加强技术创新，发展高科技，实现产业化的决定〉有关税收问题的通知》（财税字〔1999〕273号）执行。该项工作由科技部门和地方税务机关牵头组织实施。

（十）高校毕业生创办企业为开发新产品、新技术、新工艺所发生的研究开发费，未形成无形资产计入当期损益的，在按照规定据实扣除的基础上，按照研究开发费用的50%加计扣除；形成无形资产的,按照无形资产成本的150%摊销。该项工作由国地税共同组织实施,按省国税局和省地税局规定的备案程序办理。

(十一) 高校毕业生创办企业被省科技厅、省财政厅、省国税局、省地税局认定为高新技术企业后,减按15%的税率征收企业所得税,税收优惠执行时间从当年的1月1日算起。该项工作由国地税共同组织实施,按省国税局和省地税局规定的备案程序办理。

(十二) 高校毕业生创办符合条件的小型微利企业减按20%的税率征收企业所得税。符合条件的小型微利企业是指从事国家非限制和禁止行业,并符合下列条件的企业:① 工业企业,年度应纳税所得额不超过30万元,从业人员不超过100人,资产总额不超过3 000万元;② 其他企业,年度应纳税所得额不超过30万元,从业人数不超过80人,资产总额不超过1 000万元。该项工作由国地税共同组织实施,按省国税局和省地税局规定的备案程序办理。

(十三) 高校毕业生创办企业从事农、林、牧、渔项目的所得,可以免征、减征企业所得税。① 企业从事下列项目的所得,免征企业所得税:蔬菜、谷物、薯类、油料、豆类、棉花、麻类、糖料、水果、坚果的种植;农作物新品种的选育;中药材的种植;林木的培育和种植;牲畜、家禽的饲养;林产品的采集;灌溉、农产品初加工、兽医、农技推广、农机作业和维修等农、林、牧、渔服务业项目的;远洋捕捞。② 企业从事下列项目的所得,减半征收企业所得税:花卉、茶以及其他饮料作物和香料作物的种植;海水养殖、内陆养殖。该项工作由国地税共同组织实施,按省国税局和省地税局规定的备案程序办理。

(十四) 落实收费减免政策,按照《转发财政部　国家发展改革委关于对从事个体经营的下岗失业人员和高校毕业生实行收费优惠政策的通知》(粤财综〔2006〕21号)执行,由财政、物价会有关部门组织实施。

（十五）放宽小额担保贷款政策，参照《转发中国人民银行 财政部 人力资源和社会保障部关于进一步改进小额担保贷款管理积极推动创业促进就业的通知》（广州银发〔2008〕77 号）、《转发财政部 中国人民银行 人力资源社会保障部关于印发小额担保贷款财政贴息资金管理办法的通知》（粤财社〔2009〕312 号）和《广东省人民政府办公厅转发省劳动保障厅等六部门关于进一步加快推进下岗失业人员小额担保贷款工作的意见的通知》（粤府办〔2004〕109 号）执行，由劳动保障部门、财政部门、人民银行广东省内各中心支行组织实施。

（十六）一次性创业资助。对同时符合下列条件应届高校毕业生自主创业给予一次性创业资助：① 领取本省营业执照时间在 2009 年 7 月 1 日后；② 正常经营 6 个月以上，依法纳税并按规定缴纳社会保险费；③ 能带动其他劳动者就业。补贴申领的截止时间为 2010 年 12 月 31 日止。该项资助由劳动保障部门会财政部门组织实施。

珠三角地区的资助额度为 2 000 元至 3 000 元，粤东西北地区资助额度可提高至 3 000 元至 4 000 元。具体标准由各地级以上市劳动保障部门会财政部门制订。

应届高校毕业生应在办理工商登记、领取税务登记证并经营满 6 个月后，持以下资料到工商登记所在地乡镇（街道）劳动保障工作机构办理创业资助申报手续：① 营业执照副本；② 税务登记证副本；③ 社会保险登记证副本；④ 有效纳税证明；⑤ 本人的身份证、户口本和普通高等学校毕业证书；⑥ 企业的银行基本账户或个人的银行账户；⑦ 地级以上市规定的其他材料。乡镇（街道）劳动保障工作机构收齐材料后，应在 7 个工作日内到申请人经营场所进行现场考察并出具初步意见，将相关材料报县（区、市）劳动保障部门审核。县（区、市）劳动保障部门应在 10 个工作日内审核完毕,对审核合格的申领补贴名单在当地劳动保障网上公示,公示时间为5天。经公示无异议的,由劳动保障部门出具审核意见,送同级财政部门复核,财政部门在10个工作日内复核完毕,并及时将资金划拨至申请人在银行开立的账户,同时将发放情况抄送同级劳动保障部门。

(十七) 可享受扶持政策的高校毕业生是指2009年广东省普通高等学校应届毕业生或入学前具有广东省户籍的省外2009年普通高等学校应届毕业生(含参加西部计划等政府组织开展的服务基层专项计划当年服务期满的高校毕业生)。

实现就业的高校毕业生在用人单位所在地享受扶持政策,本文中珠江三角洲地区指广州、深圳、珠海、佛山、惠州、东莞和中山七市。

暂时未能实现就业且办理失业登记的高校毕业生,按规定在户口(不含临时户口)所在地领取临时性生活补助。

中央驻粤和省属用人单位招用符合规定的高校毕业生,按照属地管理原则,在用人单位所在地享受各项扶持政策。

《通知》规定的各项补贴政策自通知下发之日起开始执行,无特别说明审批截止时间为2010年6月30日,补贴发放情况应录入劳动保障统一业务系统。

详细资料档案见:

http://www.gradjob.com.cn/cms/html/xinwenzixun/jiuyezhengce/zxwj/2013/0904/2050.html

图书在版编目(CIP)数据

创业管理社会实践探索 / 张劲珊，黄榜捷著. 一南京：南京大学出版社，2014.2

ISBN 978-7-305-09596-2

Ⅰ.①创… Ⅱ.①张… ②黄… Ⅲ.①企业管理一研究 Ⅳ.①F270

中国版本图书馆 CIP 数据核字(2014)第 017939 号

出版发行　南京大学出版社
社　　址　南京市汉口路 22 号　　　邮编 210093
网　　址　http://www.NjupCo.com
出 版 人　左　健

书　　名　创业管理社会实践探索
著　　者　张劲珊　黄榜捷
责任编辑　王大学　唐甜甜　　　　编辑热线　025-83596997

照　　排　江苏南大印刷厂
印　　刷　南京大众新科技印刷有限公司
开　　本　880×1230　1/32　印张 6.25　字数 151 千
版　　次　2014 年 2 月第 1 版　2014 年 2 月第 1 次印刷
ISBN　978-7-305-09596-2
定　　价　29.80 元

发行热线　025-83594756
电子邮件　Press@NjupCo.com
　　　　　Sales@NjupCo.com(市场部)